LES

PRINCIPES DU POSITIVISME

CONTEMPORAIN

EXPOSÉ ET CRITIQUE

PAR

JEAN HALLEUX

Docteur en Droit, Docteur en Philosophie

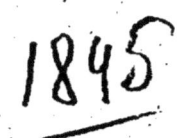

PARIS
ANCIENNE LIBRAIRIE GERMER BAILLIÈRE ET Cie
FÉLIX ALCAN, ÉDITEUR
108, Boulevard St-Germain.

LOUVAIN

Imprimerie Polleunis et Ceuterick, 30, rue des Orphelins

—

Même maison à Bruxelles, rue des Ursulines, 37.

LOUVAIN
Imprimerie Polleunis et Ceuterick, 30, rue des Orphelins

Même maison à Bruxelles, rue des Ursulines, 37.

8°R
15108

LES
PRINCIPES DU POSITIVISME
CONTEMPORAIN

LOUVAIN
Imprimerie Polleunis et Ceuterick, 30, rue des Orphelins
—
Même maison à Bruxelles, rue des Ursulines, 37.

LES
PRINCIPES DU POSITIVISME
CONTEMPORAIN

EXPOSÉ ET CRITIQUE

PAR

JEAN HALLEUX

Docteur en Droit, Docteur en Philosophie

PARIS
ANCIENNE LIBRAIRIE GERMER BAILLIÈRE ET Cie
FÉLIX ALCAN, ÉDITEUR
108, Boulevard St-Germain.

1895

AVANT-PROPOS

Nous nous sommes inspirés, au cours de cette étude, des enseignements de M. Mercier sur la psychologie et la critéreologie. Sans doute, fidèle aux traditions de l'esprit philosophique, nous n'avons accepté ces enseignements qu'après en avoir fait l'objet de nos réflexions personnelles. Cependant, nous nous plaisons à le reconnaître, ils ont été pour nous de puissants auxiliaires dans la critique du *Positivisme contemporain*. Parmi les questions, sur lesquelles nous avons consulté les remarquables écrits de M. Mercier, signalons celles qui concernent l'extériorisation spontanée de nos sensations — l'induction scientifique — la distinction entre l'objectivité idéale et l'objectivité réelle des jugements — la théorie des idées innées — enfin et principalement le subjectivisme de Kant.

INTRODUCTION.

L'esprit et les tendances générales d'une époque se retrouvent dans sa philosophie. Le moyen-âge, époque de foi et de christianisme, eut une philosophie religieuse et orthodoxe ; le besoin d'indépendance qui se fit sentir ensuite engendra la philosophie rationaliste ; l'époque moderne, époque des grandes découvertes scientifiques, vit naître la philosophie positiviste. Sans doute, celle-ci n'est pas toute la philosophie moderne mais son influence sur l'atmosphère intellectuelle que nous respirons est incontestable.

Le rationalisme avait nié l'ordre révélé, le positivisme fit un pas de plus en niant l'ordre idéal. Il eut le culte de la science expérimentale comme la philosophie du moyen-âge avait eu le culte de la religion révélée, et le rationalisme celui de la raison humaine.

Le positivisme n'est donc pas un système sorti tout d'une pièce des spéculations d'un penseur, il répond à une tournure spéciale de l'esprit moderne.

Les progrès réalisés dans le domaine des connaissances positives d'une part, les extravagances de certains spiritualistes, en quête de conceptions originales, d'autre part, contribuèrent dans une large mesure à la diffusion des idées positivistes.

Tandis que la science faisait toucher du doigt les résultats de ses travaux, la métaphysique se discréditait en échafaudant des systèmes faits de subtilités arbitraires et sophistiques.

La vérité est qu'elles ont besoin l'une de l'autre et se soutiennent mutuellement.

En négligeant l'observation des faits, le métaphysicien s'égare aisément dans les rêveries spéculatives de l'idéalisme ; mais ceux qui méprisent la métaphysique, qu'ils soient positivistes conscients ou inconscients, oublient que sans elle la science se réduit à une nomenclature de faits. Nous montrerons que l'induction scientifique ne se justifie que par des principes métaphysiques.

Nous ne ferons pas une histoire détaillée du positivisme. Notre but sera surtout de mettre en évidence ses idées fondamentales pour les critiquer ensuite et en considérer les applications au domaine scientifique.

C'est donc le point de vue logique qui nous guidera avant tout dans cette étude.

CHAPITRE PREMIER

DU POSITIVISME EN GÉNÉRAL.

Le positivisme est la systématisation d'un mode de penser à l'exclusion de tout autre. Il constitue essentiellement une théorie de la connaissance humaine. Toutes les définitions qu'on en donne le présentent sous cet aspect.

Sans doute l'idée positiviste peut être envisagée dans ses conséquences relatives à d'autres domaines que celui de la logique. La logique, en effet, formulant les règles de toutes les sciences, l'influence du positivisme a dû se faire sentir dans les diverses branches du savoir humain. Mais on comprend par là qu'une étude du positivisme, considéré sous tous ses aspects, embrasserait une matière trop étendue pour la traiter ici. C'est pourquoi j'ai préféré m'en tenir à un point de vue spécial, qui est précisément, dans l'espèce, le point de vue caractéristique ou essentiel. Je considérerai le positivisme *en lui-même*, c'est-à-dire comme théorie de la connaissance.

Entre les expressions philosophie *positive*, méthode et connaissances *positives*, existe sans aucun doute un certain rapport logique. La philosophie *positive* est ainsi appelée parce qu'elle systématise un mode de penser dit *positif*. Ce mode de penser se conforme exclusivement aux règles de la méthode positive et celle-ci conduit à la connaissance des vérités d'ordre positif. L'étude préliminaire de cet ordre est indispensable à la complète intelligence du positivisme. Elle doit précéder logiquement la définition de ce système. Je commencerai par l'étude des connaissances positives. Au cours de cette étude, j'aurai l'occasion d'approfondir et de préciser plusieurs notions qui interviendront fréquemment plus tard ; j'énoncerai ensuite les principes fondamentaux du positivisme en ce qui concerne *l'objet* de la connaissance humaine — *sa nature*, *ses lois* ou *son évolution* — enfin j'indiquerai brièvement les arguments généralement invoqués à l'appui de ces principes.

Ce premier chapitre comprendra donc trois parties : 1° de l'ordre des connaissances positives ; 2° des principes fondamentaux du positivisme ; 3° des arguments généralement invoqués à l'appui de ces principes.

§ I.

L'ORDRE DES CONNAISSANCES POSITIVES.

Il existe deux modes de penser : le mode spéculatif et le mode positif.

Dans le mode spéculatif on a seulement recours à l'analyse des concepts abstraits, c'est-à-dire à la réflexion et au raisonnement, et l'on fait abstraction des données concrètes de l'expérience ; le mode positif, au contraire, consiste à ne tenir une vérité pour certaine qu'après en avoir constaté les applications au domaine des faits. Le premier mode est celui des sciences spéculatives ou de raison pure ; le second est celui des sciences positives ou expérimentales.

Comparons ces deux ordres de sciences : 1° Les sciences spéculatives ont pour objet des vérités *abstraites ou générales* ; les sciences positives comprennent *des vérités concrètes* et *des vérités abstraites*.

2° Les vérités spéculatives sont à *priori*, c'est-à-dire *d'évidence de raison*. Parmi les vérités positives, les unes n'ont qu'une *évidence de fait* ; les autres une évidence *à la fois de fait et de raison*.

3° Les vérités de l'ordre spéculatif ont une nécessité *absolue*; celles de l'ordre positif une nécessité *relative*.

4° Le procédé de démonstration employé dans les sciences spéculatives est *déductif*; celui des sciences positives est *inductif*.

Ces propositions résument tous les caractères par lesquels les sciences positives diffèrent des sciences spéculatives.

Nous développerons tour à tour chacune de ces propositions.

Les sciences spéculatives ont pour objet des vérités abstraites ou générales ; les sciences positives comprennent des vérités concrètes ou particulières et des vérités abstraites ou générales.

Que faut-il entendre par une vérité concrète et par une vérité abstraite ?

La vérité en général est une équation entre la pensée et son objet. Cette équation suppose que la pensée soit conforme à l'objet auquel nous la rapportons. Une vérité formulée est un jugement. Tout jugement, en effet, énonce un rapport entre un attribut et un sujet. Or, le sujet désigne l'objet pensé, l'attribut ce que nous pensons de cet objet. Tout jugement exprime donc un rapport entre une pensée et son objet. Ce rapport est un rapport de conformité : quand nous jugeons que Dieu est bon, nous affirmons qu'il possède réellement cette qualité que nous pensions de lui, ou encore que notre pensée est vraie étant conforme à son objet. Ainsi le jugement est l'acte par lequel nous prétendons formuler la vérité. Il en est l'expression.

1.

Ces notions préliminaires posées, répondons à la question formulée tantôt : Un jugement a-t-il pour objet une chose existante directement perçue dans sa réalité concrète, la vérité qu'il énonce est concrète. Cette vérité est au contraire abstraite si cet objet est une abstraction. J'entends par réalité concrète un individu ; par réalité abstraite une qualité ou un ensemble de qualités conçues en dehors de tout individu. Pierre et Paul appartiennent à l'ordre concret ; la nature humaine, qui n'est spécialement ni de Pierre ni de Paul, mais trouve en chacun d'eux une réalisation distincte, appartient à l'ordre abstrait ou idéal. Quand je dis : « Pierre est plus grand que Paul», j'énonce une vérité concrète, quand je dis : « l'homme est mortel », j'énonce une vérité abstraite.

En conséquence, une vérité abstraite est une équation entre une pensée et une réalité abstraite ; une vérité concrète est une équation entre une pensée et une réalité concrète. Dans le premier cas, le jugement porte sur un être idéal, dans le second cas, sur un être réel ou représenté comme tel.

Les vérités des sciences spéculatives expriment des relations d'ordre idéal, c'est-à-dire des relations entre des concepts abstraits. Elles sont par le fait même générales, car tout concept abstrait peut être conçu comme réalisable un nombre indéterminé de fois.

Quant aux sciences positives, il faut distinguer en elles, les vérités concrètes des vérités abstraites ou générales. Les premières se rapportent directement aux faits particuliers que l'expérimentation scientifique observe et analyse; les secondes expriment les lois générales que l'Induction scientifique tire des faits observés. Lorsque vous affirmez que l'oxygène et l'hydrogène combinés donnent l'eau, vous parlez de l'oxygène, de l'hydrogène et de l'eau en général; vous énoncez un rapport entre des abstractions. Ainsi en est-il de toutes les lois formulées par les sciences d'observation. Mais les faits sur lesquels ces lois reposent, considérés dans leurs rapports avec le moi connaissant, forment des vérités concrètes. Tandis que les sciences spéculatives portent sur des vérités abstraites, les connaissances positives portent tantôt sur des faits, tantôt sur des vérités abstraites ou générales.

Les vérités spéculatives ont une évidence à priori ou de raison pure, les vérités positives ont tantôt une évidence de fait, tantôt une évidence à la fois de fait et de raison.

Quand une vérité est-elle d'évidence de raison pure ; quand d'évidence de fait ; quand à la fois d'évidence de fait et de raison ?

L'esprit en possession de ses premiers concepts peut les comparer, découvrir leurs relations, les combiner de manière à former de nouveaux concepts. Lorsqu'il énonce une relation entre deux concepts l'esprit forme un jugement. Il peut encore comparer des jugements et découvrir entre eux des relations logiques. Ces opérations que l'on appelle les opérations spéculatives se poursuivent sans que l'on doive avoir recours à l'observation des faits ou des réalités concrètes. Les connaissances ainsi acquises sont dites *à priori* ou d'évidence de raison pure.

Nous disons donc : une vérité est d'évidence de raison ou *à priori* lorsque la relation qu'elle établit entre deux idées peut être connue sans le secours de l'expérience, mais par la seule reflexion ou par le seul raisonnement.

Une vérité est d'évidence de fait lorsqu'elle exprime simplement les données de l'expérience, c'est-à-dire les faits directement perçus. Une vérité d'évidence de fait n'est autre qu'une vérité concrète et particulière.

Une vérité est à la fois de fait et de raison lorsque son évidence est le fruit de l'expérience et du raisonnement combinés.

Expliquons ces définitions par des exemples : Quand je dis tout événement doit avoir une cause, ou deux quantités égales à une même troisième sont égales entre elles, j'énonce des vérités de raison pure ou *à priori*. En effet, pour me convaincre de leur évidence, il me suffit de réfléchir. Il en est de même des conséquences qui découlent logiquement de ces principes.

Quand je dis : tel corps combiné avec tel autre dans tel cas spécial a donné tel résultat, j'affirme un fait constaté, c'est-à-dire une vérité d'évidence de fait. Enfin quand je formule une loi physique ou chimique, la vérité exprimée est à la fois de fait et de raison. En effet, pour formuler cette loi, il m'a fallu d'abord observer des phénomènes, puis en tirer une conclusion générale, c'est-à-dire raisonner.

Ainsi l'*évidence de raison* est le propre des vérités que nous pouvons connaître sans consulter l'ordre des faits. L'*évidence de fait* est le propre des vérités concrètes ou particulières. L'*évidence à la fois de fait et de raison* est le propre des vérités connues au moyen de l'observation et du raisonnement.

Or, les sciences spéculatives ont pour objet propre des vérités de raison pure; les sciences positives s'appuient à la fois sur l'expérience et sur le raisonnement.

Les vérités spéculatives sont absolues, les vérités positives contingentes.

Étant donné qu'une proposition est vraie, il est radicalement imposssible qu'elle soit fausse dans le même moment et sous le même rapport. En ce sens, toute vérité est nécessaire et présente un caractère absolu.

Mais cette nécessité peut être dépendante ou indépendante d'une condition de fait.

Une vérité est absolue lorsqu'il est radicalement impossible d'en concevoir la fausseté, quelles que soient les hypothèses que l'on imagine ; au contraire, si une vérité dépend de conditions d'ordre empirique, elle n'aura qu'une nécessité relative ou contingente.

Pour être contingentes les vérités des sciences positives n'expriment pas des relations simplement accidentelles. Au contraire, elles formulent des rapports essentiels entre les êtres de l'univers.

Seulement nous ne voyons pas qu'elles doivent nécessairement être vraies *en toute hypothèse*.

Considérons d'abord une vérité de l'ordre spéculatif :

Tout événement suppose une cause efficiente ; la relation exprimée entre l'idée générale de cause et celle d'événement possède une réalité indépendante de toute condition de fait. Je puis affirmer qu'un événement doit avoir une cause sans me préoccuper du point de savoir s'il existe des causes ou des événements. Il est manifestement impossible qu'un être se produise lui-même et s'il n'existait aucun événement, aucune créature, l'intelligence divine pourrait encore penser en toute vérité que l'événement exige une cause distincte de lui. Voilà donc une proposition dont la contradictoire est impossible, une proposition qui ne dépend d'aucune condition de fait et qui partant est absolue et éternelle. Il en est ainsi des vérités qui font l'objet des sciences spéculatives.

Toute autre est la nécessité des vérités expérimentales. Il est vrai, en toute hypothèse, qu'un événement exige une cause en dehors de lui ; au contraire les relations, que formulent les vérités positives, ne s'imposent pas en toute hypothèse. Sans doute elles ne sont pas simplement accidentelles. Les vérités générales des sciences positives sont considérées comme des lois. Les agents de l'univers, placés dans des conditions déterminées, produisent chacun leur effet propre en vertu d'une nécessité intrinsèque à leur nature. Toutefois, pour que cette nécessité soit réelle il faut : 1° que les agents existent ; 2° qu'ils aient reçu telle constitution ; car autrement constitués, ils agiraient d'après d'autres lois ; 3° que les conditions, requises à l'exercice de leur activité et notamment le concours de la cause première, ne leur fassent pas défaut. Or, ces trois conditions sont contingentes. Nous ne voyons ni la nécessité de l'existence du monde, ni la nécessité de sa constitution actuelle, ni l'impossibilité pour Dieu de suspendre, dans un cas spécial, l'effet d'une cause secondaire en refusant à cette cause un concours indispensable à toute activité contingente.

La nécessité des lois de la nature est donc dépendante de conditions multiples qui pourraient ne pas être. Et c'est pourquoi nous disons que les vérités générales des sciences positives sont contingentes.

Le procédé de démonstration employé dans les sciences spéculatives est déductif, celui des sciences positives est inductif.

Il existe deux modes de raisonner : l'un, appelé

déductif, descend du principe à l'application, du général au particulier ; l'autre, appelé inductif, remonte de l'application au principe, du particulier au général. Faisons remarquer, en passant, qu'une conclusion déduite peut être une proposition générale, bien que d'une portée moins étendue que son principe. Dans le procédé déductif, les faits qui constituent l'application n'ont pas été observés, mais la vérité du principe étant admise, on en conclut à leur réalité ou à leur possibilité. Dans le procédé inductif, au contraire, ces faits ont commencé par être constatés, et le principe en est la conclusion.

La conclusion déduite, qu'elle formule un fait ou un principe, est toujours tirée d'une proposition générale; la conclusion induite au contraire est une proposition générale, que l'on affirme pour en avoir constaté un certain nombre de fois les applications au domaine de l'expérience, et le procédé qui lui donne naissance est précisément l'opposé du premier. Tantôt nous étions partis d'un principe général pour arriver à une conclusion particulière ou moins générale, c'est-à-dire que nous étions descendus du principe à l'application ; maintenant nous remontons des données particulières de l'expérience au principe général.

Les vérités *à priori* d'évidence immédiate forment le point de départ des sciences spéculatives. Or elles sont les plus générales. Les conclusions qu'on en tire, dérivent donc des vérités les plus générales, elles sont en conséquence *déduites*.

Au contraire, les vérités générales des sciences positives sont des conclusions tirées des faits observés ; elles sont en conséquence *induites*.

Dans les sciences spéculatives on part des propositions les plus générales pour arriver à des propositions moins étendues qui sont les applications des premières. La démonstration est donc *déductive*.

Dans les sciences positives on part de l'observation des faits pour s'élever à la connaissance de leurs lois. Le procédé est donc *inductif*.

En résumé : Les vérités *spéculatives* sont *à priori générales* et d'une *nécessité absolue*. Les vérités *positives* sont *à posteriori, générales ou particulières* et d'une *nécessité relative*. La *déduction* est le propre des sciences spéculatives, l'*induction* celui des sciences positives.

§ II

ÉNONCÉ DES PRINCIPES DU POSITIVISME.

Les enseignements du positivisme, envisagé comme théorie de la connaissance, concernent : 1° la sphère du savoir humain, 2° la nature des opérations de l'esprit, 3° les lois qui président à son développement ou l'évolution historique des sciences.

Nous envisagerons les enseignements du positivisme à ce triple point de vue. Toutefois notre intention n'est point de les approfondir ici, moins encore de les discuter. Nous nous bornerons à en faire connaître les traits essentiels, c'est-à-dire les principes fondamentaux.

Le positivisme définissant l'objet, la nature et les lois de l'esprit humain s'inspire d'une idée qui est comme le fond commun de toutes ses doctrines. Commençons par formuler cette idée, voyons ensuite les enseignements que les philosophes positivistes en ont tiré concernant les trois points que nous venons d'indiquer. Quelle est l'idée fondamentale du positivisme ?

On ne peut confondre le positivisme avec la méthode positive. Celle-ci n'est qu'un procédé de l'esprit, le positivisme au contraire est un système philosophique. Une *méthode* est un ensemble de règles auxquelles doit se conformer l'intelligence pour arriver à la connaissance de la vérité, comme la morale est un ensemble de règles que la volonté doit suivre pour atteindre son bien.

Un système est un ensemble de vérités formant un tout logique. Une méthode est érigée en système lorsque, non content de suivre certaines règles, on cherche à s'en rendre compte, à les formuler, à les justifier, à les présenter dans leur enchaînement naturel pour en faire un objet de connaissance théorique. Ainsi en est-il du positivisme pris dans son sens le plus large.

Mais en le définissant la *systématisation* d'un

mode de penser, nous avons donné à ces mots une acception spéciale. On peut fort bien suivre les règles de la méthode positive et les définir dans un exposé systématique sans être positiviste. La caractéristique de la philosophie positiviste *est de systématiser un mode de penser à l'exclusion de tout autre*. Cette philosophie soutient que les procédés d'observation présentent seuls un caractère scientifique et seuls peuvent nous donner la certitude. *Il n'y a de certitude légitime que celle qui s'appuie sur les faits;* tel est le principe formulé par Bacon, placé par Aug. Comte à la base de ses théories, et dont s'inspire tout philosophe positiviste. Voyons les enseignements qui se sont dégagés de cette idée relativement à l'*objet*, la *nature* et l'*évolution* des sciences. Nous nous bornons ici à indiquer ces enseignements dans leurs principaux traits, sauf à rechercher ensuite comment ils peuvent se rattacher à l'idée, mère du positivisme.

L'expérience est la règle de toute certitude ; donc, ont dit les positivistes, nous ne connaissons avec certitude que les données de l'expérience, c'est-à-dire les phénomènes. Réduisant ensuite ces phénomènes à des impressions ou simples modifications du moi, ils ont défini l'*objet* du savoir humain : l'ensemble des états de conscience.

Cette façon de concevoir l'objet de la science conduisait évidemment à une conception nominaliste ou sensualiste des *opérations de l'esprit*. Si nous ne percevons que des impressions subies, et si nos facultés cognitives ne peuvent rien atteindre au delà des données empiriques, tout élément universel est exclu de la connaissance humaine. L'idée devient une impression reproduite, le jugement et le raisonnement n'expriment que des associations plus ou moins complexes d'impressions, les noms abstraits disparaissent du langage pour faire place à des noms collectifs, la science est une nomenclature de faits.

Enfin le positivisme, en limitant strictement la sphère du savoir humain aux données immédiates de l'expérience, est logiquement amené à considérer l'élimination progressive de tous les éléments étrangers au domaine des faits comme un résultat de l'évolution intellectuelle. Il considère que la science, en vertu des lois de son développement, tend de plus en plus à se constituer sur des bases exclusivement positives. Renonçant chaque jour davantage à expliquer les phénomènes, elle se bornera finalement à les enregistrer et à les classer. Ainsi la conscience de l'incompréhensibilité des causes constitue le terme fatal de l'évolution des intelligences. Telle est, en résumé, la doctrine positiviste relative à *l'objet,* la *nature* et les *lois* de l'esprit humain (1).

§ III.

ARGUMENTS GÉNÉRALEMENT INVOQUÉS A L'APPUI DE LA THÈSE POSITIVISTE.

La thèse positiviste peut se formuler dans les deux propositions suivantes : 1° La méthode

---

(1) Voir au sujet des enseignements du positivisme concernant l'objet, la nature et les lois de l'esprit humain : " *Les Premiers Principes,* HERBERT SPENCER. — *Le Traité de l'Intelligence,* TAINE. — *La Logique,* STUART MILL. — *La Philosophie positive,* COMTE. — *L'Essai sur l'entendement,* HUME.

spéculative ou du raisonnement pur est anti-scientifique, elle n'engendre aucune certitude.

2° Seule la méthode positive ou expérimentale(1) convient à la science, digne de ce nom.

La première proposition nous montre l'aspect négatif de la thèse, la seconde son aspect positif.

L'une s'appuie sur des arguments d'ordre critique, l'autre sur des arguments d'ordre historique.

I.

Arguments d'ordre critique.

On s'efforce de démontrer la thèse positiviste, envisagée sous son aspect négatif, par la critique de la raison pure. Cette critique porte sur l'objectivité des idées, des jugements *à priori* et des raisonnements. Les idées, dit-on, ne représentent point des choses réelles, mais des créations de l'esprit. Les jugements *à priori* n'ont aucune évidence ni de fait ni de raison, l'esprit, en les

(1) Nous verrons dans la suite que la méthode expérimentale elle-même est singulièrement dénaturée par le positivisme.

énonçant, obéit aveuglément à une loi de sa nature. Les raisonnements sont explicatifs et non démonstratifs. La conclusion ne dit pas plus que les prémisses. Elle n'exprime point une vérité nouvelle, découverte par l'esprit, elle répète ce que nous savions déjà en énonçant la Majeure et la Mineure.

Ces attaques contre la valeur des opérations de l'esprit émanent des criticistes et d'un bon nombre de positivistes qui se sont inspirés des écrits de Kant et de Hume. Nous étudierons ailleurs les doctrines de ces philosophes. Qu'il nous suffise pour le moment d'indiquer le caractère général des arguments sur lesquels ils prétendent appuyer les principes de leur philosophie.

II.

Arguments d'ordre historique.

Quelques positivistes, parmi lesquels Aug. Comte ont entrepris la démonstration de leur thèse par l'évolution historique des sciences. Ils ont cherché à prouver, au moyen de l'histoire, que l'esprit humain, en se développant à travers les âges, tend à se conformer de plus en plus aux méthodes scientifiques prônées par la philosophie positiviste. Ils se proposaient ainsi d'établir la seconde partie de leur thèse : « le mode de penser positif est le propre d'une intelligence arrivée à la plénitude de son développement ».

Voyons quelle a été, selon les positivistes, l'évolution des idées religieuses et scientifiques à travers les grandes phases de l'histoire, et comment leur thèse résulte de cet exposé prétendument historique.

L'univers, nous disent les positivistes, peut se concevoir de trois façons différentes :

1º En attribuant les phénomènes qui s'y accomplissent à l'action surnaturelle et souveraine de la Divinité, c'est-à-dire à des causes personnelles douées d'intelligence et de liberté comme nous. Cette conception est dite *théologique*.

2º En leur assignant des causes impersonnelles et d'une réalité très indéterminée. C'est ainsi que l'on suppose aux substances corporelles certaines propriétés ou puissances occultes ; que l'on attribue aux êtres vivants un principe vital ; ou encore, que l'on cherche à expliquer le cours des événements par les tendances fatales d'une sorte de réalité universelle désignée sous le nom de « Nature ». Ces causes, au dire des positivistes, sont de pures abstractions créées par l'esprit ; nous leur octroyons arbitrairement une existence en dehors de nous. Leur action ne serait pas surnaturelle comme dans l'hypothèse théologique, mais naturelle. Cette seconde conception est dite *métaphysique*.

3° On peut enfin envisager les phénomènes d'après une conception positive, c'est-à-dire au seul point de vue de leurs caractères extérieurs et des rapports invariables de coexistence et de succession, de ressemblance ou de dissemblance dans lesquels ils se présentent directement aux regards de l'expérience. Entre les deux premières conceptions et la troisième, existe une différence essentielle qu'il importe de signaler. Les conceptions théologiques et métaphysiques sont explicatives et *à priori*. Nous y voyons l'esprit humain demander le pourquoi des choses à des hypothèses telles que l'intervention d'une divinité ou de quelque entité abstraite. La troisième conception, au contraire, n'est nullement explicative et *à priori*, elle est toute empirique et présente les faits comme nous les percevons, abstraction faite de leurs causes.

Aux yeux des positivistes, chacune de ces conceptions représente un degré différent de développement intellectuel. Le mode théologique marque l'état d'enfance de la raison, le mode positif en marque l'apogée, le mode métaphysique correspond à une période intermédiaire.

Voyons comment, d'après les positivistes, ces divers modes de penser ont tour à tour prévalu dans l'intelligence humaine ; quelles circonstances ont déterminé leur avènement, leur développement et leur décadence.

Le passage d'une phase de l'évolution intellectuelle à une autre n'a point lieu en même temps pour toutes les sciences. Les unes progressent plus rapidement que les autres ; et la substitution des idées nouvelles aux idées anciennes ne s'opère jamais que graduellement et après une lutte plus ou moins longue.

L'homme primitif, obéissant à une tendance instinctive de son esprit, voulut se rendre compte des faits qui s'accomplissaient sous ses yeux. L'explication théologique se présenta d'elle-même à sa pensée. Comme sa raison, encore incapable d'un travail réfléchi, réclamait une solution au problème qu'elle s'était posé, l'explication la plus facile fut pour lui la plus séduisante et il commença par l'accepter spontanément : se sentant la cause intelligente et libre de ses actes, il lui parut tout naturel d'assigner aux phénomènes extérieurs des causes douées comme lui de personnalité. De plus, comme il voyait la plupart des forces de la nature exercer sur son existence et sur son développement une action à laquelle il ne pouvait se soustraire, ignorant encore l'art de diriger ces forces et de les utiliser, il se sentit dans un état de dépendance vis-à-vis des agents prétendument personnels dont elles émanaient. Son imagination, encore dans l'enfance, eut bientôt fait de ces agents des êtres supérieurs doués d'une puissance surnaturelle, et il reconnut formellement leur souveraineté par l'acte d'adoration. De là, s'il faut en croire les positivistes, la croyance au surnaturel et les pratiques religieuses, les dogmes et le culte.

A l'origine, l'homme voyait les choses comme les voit l'animal, c'est-à-dire qu'il en avait une connaissance individuelle et non synthétique. Il constatait les faits isolément, au fur et à mesure qu'ils s'accomplissaient sous ses yeux, mais ne songeait nullement à fixer leurs rapports. L'ordre de l'univers ne se révélait pas à sa raison à peine éclose. Sa vue, mal exercée, s'attachait aux détails, mais ne pouvait embrasser l'ensemble. Dans cet état primitif, il s'imaginait voir dans chacun des agents naturels, s'affirmant avec une force supérieure à la sienne, quelque divinité cachée. Les dieux s'identifiaient avec les choses de la nature. C'était l'époque du fétichisme ou du naturalisme.

Mais le développement des sciences naturelles, en préparant l'avènement de la conception positive, remplaça la forme religieuse première par des formes plus parfaites. Le fétichisme devint le polythéisme et celui-ci ne fut qu'un acheminement vers le monothéisme.

Une observation plus attentive du monde extérieur fit voir à l'homme les ressemblances des choses ; il les compara, les répartit en divers groupes, et apprit ainsi à coordonner ses connaissances jusque-là incohérentes.

La nature de la divinité s'en trouva changée. On attribua à un seul agent la direction ou la production de toutes les choses et de tous les phénomènes d'une même classe, au lieu de voir dans chacune de ces choses un dieu distinct. Le nombre des divinités devenait, par le fait même, moins considérable ; elles cessaient de s'incorporer aux êtres de la nature pour en prendre la direction suprême.

Ce n'était pas seulement l'essence des dieux qui changeait, mais encore leur action. L'homme, ainsi que nous venons de le dire, avait appris, par une étude plus attentive du monde extérieur, à découvrir les ressemblances et les dissemblances des choses, il s'était mis à classer les données de ses observations ; mais, en même temps, il avait pu s'apercevoir que les phénomènes coexistent et se succèdent dans un ordre invariable. Une expérience fréquemment répétée lui avait appris que tel phénomène est toujours accompagné ou suivi de tel autre. Il avait vu jusque-là, dans le gouvernement du monde, le fait de volontés entièrement libres qui ne prenaient conseil que d'elles-mêmes. Cette conception ne pouvait se concilier avec l'ordre immuable que révélait le spectacle des événements. Au lieu de prêter aux causes surnaturelles une action capricieuse, ainsi qu'il l'avait fait, il dut leur reconnaître une action réglée d'après des principes fixes. A l'idée d'une puissance surnaturelle s'ajoutait l'idée d'une sagesse infinie dirigeant cette puissance. L'action de la divinité devenait ainsi ordonnée.

De plus, elle cessait d'être présente aux phénomènes, pour n'être plus qu'une direction générale s'exerçant à distance. Les dieux avaient quitté ce monde ; l'imagination populaire les reléguait dans quelque région supérieure, inaccessible aux regards des mortels, mais d'où ils présidaient au cours des événements.

Or l'esprit humain, encore imbu d'images sensibles, ne put concevoir cette action à distance

2.

sans le concours supposé de causes intermédiaires. Il imagina des agents par lesquels l'action des dieux était transmise aux choses. Ces agents, qui ne possédaient de réalité que dans sa pensée, il leur attribua une existence concrète, et rapporta ainsi les phénomènes à des abstractions prétendument réalisées, comme à leurs causes immédiates. Ainsi apparaissait peu après le polythéisme, le mode métaphysique.

Les progrès des sciences expérimentales, en mettant en évidence l'ordre immuable de l'univers, avaient déterminé la transformation du fétichisme en polythéisme et l'avènement de la conception métaphysique. Les dieux, qui s'étaient identifiés jusque-là avec des plantes, des animaux ou des astres, cessaient d'appartenir au système du monde ; ils s'élevaient dans des sphères inconnues ; leurs formes conservaient sans doute quelque chose de sensible, l'imagination pouvait encore se les figurer, mais l'œil ne les fixait plus. L'explication théologique devenait, par le fait même, insuffisante. Le polythéisme supposait une action à distance et par conséquent des causes intermédiaires. Ces causes l'esprit humain les créa, leur attribuant par une hypothèse gratuite et *à priori* une réalité en dehors de lui. Ainsi, les explications métaphysiques suppléaient à l'insuffisance des explications théologiques et les conciliaient avec les conclusions empiriques.

Ce n'est pas tout. Le polythéisme n'était lui-même qu'un acheminement vers une forme théologique plus parfaite qui devait constituer le terme de l'évolution religieuse ; je veux dire le monothéisme.

Les mêmes causes, dont naquirent le polythéisme et le mode métaphysique, engendrèrent le monothéisme. Nous l'avons dit, la conception de l'ordre universel et constant, qui préside à la marche générale du monde, avait, en se dégageant des données empiriques, transformé le fétichisme en polythéisme et déterminé l'avènement du mode métaphysique. Cette même conception, se fortifiant de plus en plus dans les esprits par le développement continu des sciences naturelles, donna naissance au monothéisme. L'idée d'un ordre universel se conciliait difficilement avec les croyances polythéistes ; on ne pouvait, en effet, l'expliquer qu'en supposant une entente préalable entre les divinités qui se partageaient le gouvernement du monde. On commença donc par accorder à l'une d'entre elles une sorte de souveraineté sur les autres ; mais, à un moment donné, l'homme, en quête d'explications nouvelles, jugea plus simple de remplacer une multitude de divinités agissant de concert, par un Dieu unique, dont l'action ne pouvait être en désaccord avec elle-même.

Tel fut l'avènement de la forme religieuse la plus parfaite. Un seul Dieu prenait donc la direction suprême des choses. Cette direction n'était point arbitraire et capricieuse, mais réglée par une sagesse infinie. Elle ne supposait pas, comme jadis, une intervention expresse et actuelle de la divinité à propos de chaque fait spécial, mais bien plutôt une impulsion initiale communiquant au mécanisme de l'univers le mouvement qui se perpétue à travers les âges.

D'autre part, les entités abstraites, inventées par le mode métaphysique, avaient envahi le domaine théologique, remplaçant partout les agents surnaturels du fétichisme et du polythéisme. Le nombre de ces entités s'était accru en même temps que diminuait celui des dieux. Au-dessous du Créateur unique, par lequel s'expliquaient l'origine de l'univers et son fonctionnement général, étaient sensées agir une foule de causes n'ayant de réalité que dans l'esprit qui les avait conçues. On rendait compte d'un fait ou d'un groupe de faits en les supposant produits par une abstraction prétendument réalisée, tel que le principe vital chez les plantes et les animaux, les tendances de la nature, etc., etc.

— Le criticisme vint ensuite. Il s'attaqua aux hypothèses théologiques et métaphysiques, essaya de démontrer que les prétendues réalités, inventées pour rendre compte des faits, sont de simples créations de la raison, sans aucune objectivité en dehors d'elle, ou mieux encore des mots vides de sens, destinés à couvrir l'ignorance des esprits, qui, par une étrange illusion, les avait pris jusque-là pour des explications. Le criticisme déblayait ainsi le terrain, ouvrant la voie à la philosophie positive. Celle-ci formula tout simplement des tendances que trahissait depuis longtemps le mouvement des esprits.

Telle est, d'après les écrits des positivistes, l'histoire du développement de l'intelligence humaine.

Voyons comment leur thèse se dégage logiquement de cette histoire.

Au dire de ces philosophes, la conception positiviste des phénomènes est la seule qui soit digne d'une intelligence développée. Les sciences, en se perfectionnant, tendent de plus en plus à se constituer sur des bases exclusivement positives ; elles renoncent à la connaissance des causes pour s'en tenir à la connaissance ordonnée des événements. Les transformations du fétichisme en polythéisme, du polythéisme en monothéisme, ainsi que l'apparition du mode métaphysique et ses empiétements successifs sur le domaine théologique, se produisirent sous l'influence d'une conception spéciale de l'univers, conception qui s'était insensiblement dégagée des progrès de la science.

Or cette conception a revêtu, dès l'origine, les

deux caractères essentiels au mode de penser positif.

Le premier caractère se trahit dans la classification des phénomènes d'après des rapports invariables de coexistence ou de succession ; le second consiste à considérer l'esprit humain comme radicalement incapable de rendre compte des faits perçus. En d'autres termes, le mode positif suppose une connaissance *ordonnée* des phénomènes, *abstraction faite de leurs causes*. Ces deux caractères apparaissent presque dès l'origine de l'évolution intellectuelle, et vont s'accentuant en même temps qu'elle poursuit son cours.

Dans les âges primitifs, l'homme, avons-nous vu, conçoit l'univers comme un ensemble incohérent, sorte de chaos, où les choses naissent, se transforment et disparaissent indépendamment de toute loi, mais d'après les caprices souvent bizarres de divinités innombrables qui s'identifient avec certains objets de la nature. L'homme ne se préoccupe nullement d'une harmonie universelle dont il n'a pas encore conscience.

La conception positive commence à se dessiner

lorsque, par une étude plus attentive de la nature, se révèlent certains rapports constants entre les phénomènes. On s'habitue peu à peu à voir dans la succession de ceux-ci, non plus le fait de volontés arbitraires et capricieuses, mais la manifestation d'un ordre immuable et général. Cette conception nouvelle possède déjà un des caractères propres au point de vue positif; elle constitue en effet une conception ordonnée des phénomènes. Quant au second caractère du mode positif, qui consiste à renoncer à toute explication des phénomènes, à raison de l'incompréhensibilité de leurs causes, il apparaît, lui aussi, au dire des positivistes, plus ou moins accentué, dans chacune des phases que traverse le développement de la pensée humaine.

Chez les peuples primitifs, dominés par le sentiment et l'imagination, la divinité revêt des formes concrètes et matérielles. L'homme la place dans les plantes, dans les animaux, parfois même dans des objets fabriqués de sa main. Toutefois alors déjà la conception de la divinité comporte la croyance au mystère. Le sauvage qui se prosterne devant une idole de pierre, y devine quelque chose de plus qu'un objet façonné par des mains humaines, puisqu'il lui attribue une vertu qu'il ne reconnaît ni à la pierre ni à l'homme. Ce quelque chose qui échappe à sa compréhension, il en a déjà conscience. Mais cette conscience, encore rudimentaire, se traduit plutôt par une sorte de sentiment superstitieux que par une croyance rationnelle nettement définie. La pensée, encore noyée dans le sensible, est impuissante à dégager la divinité des formes grossières et saisissables que lui prête l'imagination.

A mesure que s'élève le niveau des intelligences, l'élément mystérieux, qui apparaissait vaguement dans les religions primitives, se précise davantage. La divinité devient de plus en plus idéale, et, par le fait même, moins saisissable; elle se dépouille petit à petit de ses formes grossières, elle cesse d'être une plante ou un animal pour acquérir une nature comprenant toutes les qualités de la nature humaine, mais avec une plus grande perfection; elle quitte la terre pour une région céleste où le regard ne peut la suivre, bien qu'elle conserve encore, dans l'imagination de ses adorateurs, une apparence sensible. Les plantes et les animaux divinisés font place aux dieux de la mythologie, le polythéisme au naturalisme et finalement le monothéisme fera de la divinité un être un, ne possédant de l'homme que ses facultés supérieures et dépassant la portée de nos connaissances de toute l'étendue de son infinité. Alors, de l'avis même des théologiens, la cause suprême des choses devient l'être mystérieux et incompréhensible par excellence.

Si nous considérons ensuite les explications métaphysiques qui tendent à se substituer de plus en plus aux explications théologiques, nous y voyons l'idée de cause prendre une forme encore plus abstraite et moins compréhensible. Si la cause suprême apparaît dans le monothéisme, dépouillée de tous ses attributs sensibles, elle possède du moins, à l'instar de la personne humaine, l'intelligence et la volonté. Or c'est précisément à raison de cette analogie avec notre nature que nous pouvons, jusqu'à un certain point, la concevoir. Dans le mode métaphysique, au contraire, les causes échappent non seulement aux sens externes, non seulement à l'imagination, mais même à la raison qui cherche vainement quelque ressemblance entre l'homme et ces entités indéterminées et impersonnelles.

En réalité, les explications scientifiques deviennent alors purement verbales et l'illusion qui les faisait prendre pour des explications réelles ne peut manquer de se dissiper tôt ou tard. Alors sera définitivement établi le règne de la philosophie positive.

Tel est l'argument historique que les positivistes font valoir à l'appui de leur thèse. Nous en examinerons la portée plus tard. Qu'il nous suffise pour le moment de l'avoir fait connaître.

CHAPITRE II

DE L'ÉVOLUTION LOGIQUE DES IDÉES POSITIVISTES.

Autre chose est l'exposé logique d'un système, autre chose son exposé historique. On fait l'histoire d'un système en passant en revue les écrits des penseurs qui l'ont soutenu ; si l'on recherche au contraire comment les différentes parties d'une doctrine se rattachent entre elles, quelles conclusions se dégagent des principes posés, on se place à un point de vue logique. Nous avons formulé les idées fondamentales du positivisme.

Avant de les entendre exposées par les chefs de l'école expérimentale, étudions leur développement logique.

1° *Le positivisme et les sciences spéculatives*.

Le positivisme, nous l'avons dit, ne reconnaît de valeur scientifique qu'à la méthode positive ; il prétend que les procédés spéculatifs sont incapables de nous donner une connaissance certaine.

Le positivisme détruit ainsi le caractère absolu des vérités *à priori* pour ne leur reconnaître qu'une valeur hypothétique, il aboutit à la négation pure et simple de toute science spéculative.

En effet, les vérités *à priori* peuvent être affirmées *avant* qu'on en ait constaté les applications au domaine des faits. Elles se révèlent à nos esprits par l'étude réfléchie de nos concepts indépendamment de toute expérience préalable. En affirmant que la connaissance expérimentale est seule certaine, le positivisme soutient logiquement qu'une vérité *à priori*, formellement considérée comme telle, ne peut avoir par elle-même aucune évidence. Sa certitude dépend d'une condition empirique, à savoir le contrôle de l'expérience. Or les sciences spéculatives, ayant précisément pour objet propre des vérités *à priori*, se réduiraient d'après l'école positiviste à de simples hypothèses sans valeur scientifique.

2° *Le positivisme et les sciences positives.*

En méconnaissant la valeur intrinsèque des vérités *à priori* ou d'ordre idéal, le positivisme s'attaque encore aux conclusions *empiriques*. Car ces dernières sont, dans une certaine mesure, des vérités idéales. La connaissance de ces vérités *n'est pas le fruit de l'expérience. Leur objectivité est indépendante de l'ordre ontologique*; elles sont absolues. Ainsi pour savoir que 2 et 2 font 4, pas n'est besoin de recourir à des procédés empiriques ; un moment de réflexion suffit. De plus, cette vérité est intrinsèquement nécessaire. N'existât-il qu'un seul être, il resterait encore vrai que 2 et 2 font 4.

Or toute conclusion expérimentale possède jusqu'à un certain point les caractères des principes de pure raison. Toute conclusion en effet, qu'elle soit *à priori* ou dérive des données de l'expérience, exprime une relation logique entre certaines vérités. La connaissance d'une relation de cette nature ne s'obtient point par une observation des faits, mais par une combinaison de jugements. Elle est donc spéculative. Sans doute, pour poser les prémisses d'une conclusion empirique, il est nécessaire de consulter les faits : mais ces prémisses posées, l'esprit peut les comparer et saisir leur rapport logique, sans recourir à de nouvelles expériences : l'évidence de ce rapport est le résultat immédiat d'un travail de spéculation.

Bien plus, ce rapport est intrinsèquement nécessaire et ne dépend d'aucun fait. La valeur logique d'un raisonnement n'est pas subordonnée à la vérité de ses prémisses ; une conclusion n'est pas illogique pour être fausse.

Et ceci n'est pas moins vrai de l'induction que de la déduction. Que les données de nos observations soient exactes ou non, leurs conséquences logiques en découlent nécessairement : poser les premières c'est admettre implicitement les secondes. Mais si la réalité d'un rapport logique n'est soumise à aucune condition de fait, ce rapport n'est pas d'ordre *concret* ; les termes qu'il unit ne sont pas des individus existants, mais des choses abstraites. S'il en était autrement, le rapport dépendrait nécessairement d'un fait, à savoir l'existence de ses deux termes.

Dès lors toute conclusion induite, dans la mesure où elle est l'expression d'une relation logique, appartient au domaine des vérités idéales ou *à priori*. Comme ces vérités, elle est le fruit de la spéculation et possède une nécessité intrinsèque indépendante des faits.

Ce n'est pas tout : une conclusion induite se fonde en dernière analyse sur des vérités *à priori*, à savoir les lois de la logique et le principe de causalité.

On ne peut affirmer la valeur d'un raisonnement sans admettre, du moins implicitement, les lois essentielles du raisonnement. Or, la connaissance de ces lois n'est point empirique. Elles empruntent toute leur force aux principes d'identité et de contradiction, dont l'évidence résulte de la simple comparaison des idées d'être ou de non être.

Ces principes peuvent se formuler comme suit : L'être comporte l'être ou exclut le néant dans la mesure où il est. Ou bien encore : on ne peut à la fois affirmer et nier d'un sujet le même attribut sous le même rapport. Or, après avoir affirmé dans la majeure de mon syllogisme que A possède B, dans la mineure que B possède C, je ne puis nier ensuite dans ma conclusion que A possède C sans affirmer et nier de A la même chose sous le même rapport. Raisonner autrement serait violer les principes d'identité et de contradiction. C'est donc en vertu de la vérité de ces principes de pure raison que, deux prémisses étant données, telle conclusion s'impose à l'exclusion de toute autre.

En induisant une conclusion de certaines données empiriques, on ne reconnaît pas seulement les lois de la logique, mais encore le principe de raison suffisante et de causalité.

Par ce principe se justifie le passage du particulier au général qui caractérise toute induction scientifique. Quand nous constatons que, dans les circonstances les plus diverses, la présence de B suit toujours celle de A ; de quel droit affirmons-nous sous forme de loi générale que A sera toujours suivi de B ? Précisément, parce que nous plaçons dans A la raison d'être de B et qu'un être est du moment que sa raison d'être est posée. Or ce dernier principe n'est autre chose que le principe de raison suffisante et de causalité. Son évidence résulte d'un simple travail de réflexion. Elle est de pure raison et nullement d'ordre empirique.

En résumé, une conclusion induite présente les caractères essentiels d'une vérité *à priori*; de plus elle se fonde en dernière analyse sur des vérités de cette nature. Ainsi le positivisme n'a pu condamner les procédés spéculatifs sans nier du même coup et les principes de la raison pure et les conclusions *à posteriori*. Dès lors il ne laisse subsister que les données immédiates de l'expérience et ne tient pour certains que les faits directement perçus.

Peut-être nous reprochera-t-on de prêter ici aux positivistes une opinion qu'ils ne soutiennent pas. Je ne conteste point que l'on puisse çà et là relever dans leurs écrits certaines phrases qui semblent en contradiction manifeste avec notre exposé.

La cause en pourrait être non dans l'inexactitude de celui-ci, mais dans un manque de logique de la part des philosophes positivistes. Le lecteur voudra bien se rappeler que nous ne faisons pas pour le moment un travail historique. Nous ne prétendons pas reproduire le langage que les positivistes tiennent effectivement, mais celui qu'ils devraient tenir pour se conformer scrupuleusement aux lois de la logique. D'ailleurs l'exposé historique qui va suivre confirmera dans la plupart des points notre exposé logique.

Les sciences expérimentales ne se contentent pas d'observer les faits. Elles cherchent à connaître la nature des substances par leurs phénomènes, et celle des agents par leurs effets.

S'inspirant de l'idée fondamentale de leur philosophie, les positivistes s'élèveront contre de telles prétentions. Entre les phénomènes, diront-ils, vous établissez des rapports de causalité, et, généralisant ces rapports, vous induisez d'un nombre limité d'observations particulières l'existence d'un ordre universel, qui régit non seulement le passé mais encore l'avenir. Or, dans ces différents cas vos affirmations sont *à priori*, c'est-à-dire qu'elles ne portent pas sur des choses constatées. Elles ne sont point certaines, car elles dépassent les données de l'expérience, source unique de certitude.

Il est vrai, le spectacle du monde extérieur nous fait voir des phénomènes semblables ou dissemblables qui se succèdent ou coexistent, mais nous ne percevons pas la cause engendrant l'effet. Une boule en vient heurter une autre, je constate une succession de mouvements, le passage d'un corps d'un état à un autre, j'entends le choc qui se produit, mais le comment de tout cela échappe à mon observation ; j'assiste à la production d'un phénomène chimique ; que se passe-t-il dans l'être intime des corps, qui se combinent, au moment précis où s'opère la combinaison ? J'interroge en vain l'expérience, et la science ne me répond que par des hypothèses.

De même nous prétendons que la semence mise en terre a fait naître l'épi. Avons-nous assisté à cette transformation ? Nullement. Tout est mystère dans le phémonène de la génération. Nous avons vu déposer une semence en terre; après un certain temps, une plante a paru à la surface du sol et nous attribuons le second fait au premier comme à sa cause. En réalité nous avons constaté qu'il lui succédait et non qu'il en dérivait.

Il est donc vrai qu'en établissant une relation de causalité entre les phénomènes, nous affirmons ce que nous n'avons point directement perçu. Cette relation deviendra donc pour les positivistes une création de l'esprit. Le jugement qui l'exprime sera considéré comme arbitraire. Telle est l'idée de David Hume, de Kant, de tous les criticistes et positivistes qui restent logiques avec leurs principes.

Supposé même que des rapports de causalité entre les phénomènes se puissent percevoir, de quel droit, demanderont les positivistes, érigez-vous ces rapports en lois générales? Lorsque de faits particuliers vous induisez l'existence d'un ordre universel, vos conclusions sont toujours plus étendues que les données de l'observation. Celle-ci ne porte que sur des cas actuels en nombre limité, tandis que vos conclusions sont formulées comme des principes applicables à une série indéfinie de cas actuels, passés et futurs. Vous constatez un certain nombre de fois qu'en communiquant le feu à un corps vous en provoquez la dissolution ; qu'en vous approchant d'un foyer vous éprouvez une sensation de chaleur de plus en plus intense. Ces phénomènes de décomposition et de chaleur, vous les attribuez à l'action du feu comme à leur cause. Bien plus, non content de confondre la causalité et la succession, vous généralisez ce prétendu rapport de causalité et, de quelques observations particulières, vous concluez que dans tous les cas analogues l'action du feu aura pour effet de consumer les corps et de dégager de la chaleur. Ainsi vous affirmez évidemment beaucoup plus que ce que vous avez constaté. Bien que vous la donniez comme *à posteriori*, votre conclusion est donc, dans une certaine mesure, *à priori*, puisque vous lui attribuez un champ d'application infiniment plus étendu que le domaine sur lequel ont porté vos investigations. Or, d'après les Positivistes, un jugement est arbitraire dans la mesure où il est *à priori*. Nous n'aurions donc jamais le droit de tirer une conclusion générale de faits particuliers.

Que deviennent dès lors, dans la théorie positiviste, les lois de la nature, objet propre de toute science expérimentale ?

Ces lois n'expriment pas des rapports de causalité entre les phénomènes, mais des rapports de succession ou de coexistence. De plus, elles ne régissent point l'avenir, mais doivent être considérées comme des formules résumant les données de nos observations antérieures. La science devient ainsi une connaissance collective des phénomènes constatés. Elle n'a point pour mission d'en rendre compte, mais seulement de les classer d'après des rapports de ressemblance ou de dissemblance, de coexistence ou de séquence. Les lois, que l'on conçoit généralement comme l'expression des rapports nécessaires de causalité entre des agents d'une part et des événements de l'autre, ne peuvent faire l'objet d'une connaissance humaine.

Les positivistes vont plus loin. Non seulement, disent-ils, nous ne connaissons pas les lois des choses, mais nous ne pouvons pas davantage connaître leur essence. C'est là une autre conséquence de leur principe. La connaissance empirique, en effet, ne porte pas plus sur l'essence des choses que sur leurs causes. Nous ne percevons pas directement la nature des êtres, mais seulement des qualités ou des modifications qui leur appartiennent ou les affectent sans se confondre avec elles. Nous reviendrons plus tard sur ces différents points.

Comment les positivistes devront-ils dès lors concevoir l'objet de toute connaissance humaine ? Si, d'une part, ce qui a été directement perçu est seul certain, si, d'autre part, nous ne percevons directement aucune relation d'accident à substance, mais seulement des événements et des qualités, nous n'avons pas le droit d'affirmer que ces événements sont produits par des agents, ni que ces qualités sont inhérentes à des choses réelles. Ces qualités et ces événements deviennent dès lors de simples apparences dont on ne peut dire si elles représentent ou non des réalités.

On voit par quelle évolution logique le positivisme, rejetant de la connaissance humaine tout élément *à priori*, limite la sphère du savoir humain au domaine des sciences d'observation — le domaine des sciences d'observation à l'objet propre de l'expérience — et finit par réduire la science à une nomenclature de phénomènes.

Le phénoménalisme apparaît ainsi comme le terme de l'évolution logique des idées positivistes. Considérons un moment les applications de ces idées à quelques sciences en particulier.

3° Applications du positivisme à la psychologie, la morale et la sociologie.

La psychologie cherche à connaître le moi pensant, voulant et sentant, par l'étude de ses phénomènes. Dans ce but elle fait appel au témoignage de la conscience et du sens intime et applique aux données de l'expérience interne le principe de causalité qui lui permet de remonter de l'acte à l'agent. Le positivisme, nous l'avons dit, condamne toute tentative d'explication, nie les connaissances relatives à la nature des événements ou des agents, réduit la science à une description de faits ; l'idée du principe vital est à ses yeux une conception métaphysique et creuse sans valeur objective. Le savant positiviste renoncera donc à tout problème psychologique ; il se contentera de décrire les caractères extérieurs de ce qui tombe sous le regard de l'expérience. Mais dans cette étude ses procédés varieront selon qu'il se conformera à l'opinion de Comte ou à celle de Stuart Mill et de Taine.

S'il rejette avec Comte les données de l'expérience interne pour analyser seulement les faits sur lesquels porte l'expérience externe, il ne saisira des phénomènes vitaux que leur côté extérieur. Il ne verra de la sensation que le mécanisme organique qui intervient dans la production de ce phénomène. L'étude de la sensation et de la pensée sera celle des organes qui servent à penser et à sentir. La psychologie deviendra une branche spéciale de l'anatomie et de la physiologie.

S'il adopte au contraire l'avis de Stuart Mill et de Taine, il consultera le sens intime et la conscience, tâchera de décrire les impressions qu'il éprouve et de fixer les conditions de leur apparition et les lois de leurs associations. Il constatera que tel fait psychique est lié à tel autre, telle sensation suivie d'un désir, telle autre d'un sentiment d'aversion, que tel événement extérieur correspond en nous à un sentiment de plaisir ou de déplaisir etc., etc. Mais qu'il néglige les données de l'expérience interne ou les consulte, ses procédés seront toujours purement descriptifs, excluant toute recherche relative à l'existence de quelque réalité substantielle, principe ou siège des phénomènes perçus. Nous verrons d'ailleurs Taine nier jusqu'à la réalité de ce principe et réduire le moi à une association de phénomènes ? Le positivisme est donc la négation de toute psychologie proprement dite.

Il est aussi la négation de toute morale, si nous prenons ce mot dans le sens qui lui est généralement attribué. L'ordre moral est constitué par les relations entre un agent et une fin. Ces relations consistent en ce que l'agent est naturellement déterminé à réaliser cette fin et par conséquent à agir dans un certain sens qui est celui de son perfectionnement.

Le concept d'ordre moral comprend donc, entre autres notions : 1° celle d'un agent, 2° celle d'une loi naturelle ou d'une tendance inhérente à l'agent et imprimant à son activité une direction déterminée.

Or le positivisme détruit ces deux notions impliquées dans le concept d'ordre moral. L'idée d'un agent est celle d'une force productrice ou cause efficiente et l'on sait que pour David Hume et la plupart des positivistes une cause n'est qu'un antécédent invariable. De même les positivistes repoussent en vertu de leurs principes le concept de la loi naturelle, c'est-à-dire d'une tendance émanée de la constitution intime des êtres. Ce concept n'est à leurs yeux qu'une création arbitraire de la métaphysique. Nous ne connaissons rien de la nature intime des choses ; il ne peut donc être question de leur attribuer des tendances ou lois naturelles.

Après cela comment les positivistes concevront-ils l'ordre moral ?

La science, disent-ils, est la connaissance des phénomènes perçus dans des relations invariables de co-existence ou de succession, de ressemblance ou de dissemblance. Appliquons cette définition à la morale et nous saurons en quoi devrait consister cette science aux yeux des positivistes. D'après eux la science morale ne pourrait avoir pour but de déterminer la loi naturelle ou la tendance fondamentale d'un agent doué de personnalité, nous venons de voir que ces notions répugnent à leur philosophie. Comme toute autre science la morale devra se renfermer dans la sphère des événements ou phénomènes moraux (intention — volition — exécution). Elle les décrira soit en eux-mêmes, c'est-à-dire tels qu'ils se présentent aux regards de l'observation interne, soit dans leurs manifestations extérieures. Mais si elle veut rester fidèle au principe du positivisme, elle ne formulera aucune règle de conduite concernant un idéal quelconque à réaliser.

L'idéal en effet n'est point du domaine des réalités, or la science positiviste ne s'occupe que de ce qui est et se peut constater. La morale positiviste ne tracera donc pas un précepte, elle décrira une manière d'agir, elle ne dira pas aux hommes comment ils doivent agir, mais comment ils agissent.

Il en sera de même de la sociologie qui n'est qu'une branche spéciale de la morale. La sociologie se bornera à l'étude des faits sociaux sans aucune conclusion relative à un idéal social ni par conséquent à une loi sociale. Elle deviendra une science historique par excellence.

Il est à remarquer toutefois que les sociologues positivistes sont loin de souscrire à cette application de leur principe. Nous croyons cependant qu'elle s'impose en bonne logique.

Quelle est en réalité l'idée dont se sont inspirés le plus grand nombre des positivistes en élaborant leurs théories sociales ? L'idée de l'identité foncière des phénomènes et de leurs lois. Nous entendrons Auguste Comte, Taine et Spencer proclamer que tous les phénomènes doivent pouvoir se réduire à un fait unique primordial et foncier et par conséquent toutes les lois à une loi unique. Cette loi, dira Spencer, détermine le passage de l'état d'incohérence ou de désagrégation à l'état de cohésion ou d'agrégation. Spencer s'efforcera de démontrer son hypothèse pour les différents ordres de phénomènes. Il tâchera de nous faire voir que chaque événement s'accomplit soit dans le sens d'une agrégation ou d'une association, soit dans le sens d'une dissociation. Il prétendra découvrir dans la loi d'association la loi du développement de l'intelligence humaine. A cet effet il nous décrira les impressions de conscience incohérentes d'abord, s'associant ensuite d'après certains rapports fixes et formant une conscience ordonnée.

Si nous appliquons cette même loi au développement des sociétés humaines, nous arrivons logiquement à placer le progrès social dans une concentration de plus en plus accentuée des forces individuelles, ou encore dans un passage de l'individualisme au collectivisme.

Ainsi certains politiciens trouvent dans les enseignements des positivistes une base à leur théorie.

CHAPITRE III

ÉVOLUTION HISTORIQUE DES IDÉES POSITIVISTES.

LES ORIGINES DU POSITIVISME MODERNE.

Nous avons distingué tantôt deux ordres de connaissances : les connaissances expérimentales, basées sur les données sensibles, et les connaissances *à priori* ou de raison pure.

Or, parmi les hommes de science, les uns sont naturellement physiciens, les autres métaphysiciens. Ceux-ci se sentent portés, par la tournure de leur esprit, vers les travaux de pure spéculation; ceux-là s'attachent plutôt à l'observation et à l'analyse des faits qui tombent sous les sens.

Ces deux tendances, nettement distinctes, ont engendré deux écoles rivales : l'école empirique et l'école rationaliste. La seconde, égarée dans les sphères supérieures de la métaphysique, absorbée par la contemplation des principes immuables, finit par perdre de vue le rôle de la sensibilité dans la connaissance humaine et baser toute science sur la seule raison ; l'autre, plongée dans l'étude de la matière, oublie ce qui est au delà et professe un souverain mépris pour les assertions qui ne peuvent subir le contrôle de l'expérience sensible.

Les luttes de ces deux écoles remontent aux premiers temps de la philosophie et en remplissent l'histoire.

A ces luttes se rattache l'existence du positivisme. Ce système, du moins tel qu'on le trouve exposé chez la plupart des représentants de l'école empirique moderne, continue le sensualisme du siècle précédent et le nominalisme du moyen âge. Mais il en précise les principes et en tire des conséquences inaperçues jusque-là.

Les controverses que souleva au moyen âge le problème des universaux nous montrent déjà l'esprit idéaliste aux prises avec l'esprit sensualiste. On discutait sur le point de savoir ce qu'il faut entendre par les idées générales de genre et d'espèce. Le débat touchait au fond même du spiritualisme. Les uns s'inspirant plus ou moins des idées de Platon soutenaient que les notions universelles correspondent à des entités universelles dans la nature ; ils attribuaient aux genres et aux espèces une existence en soi, distincte des individus. Leur théorie prit le nom de réalisme exagéré. D'autres au contraire, considérant que l'individualité affecte nécessairement tout être réel, niaient l'universalité des idées. Pour eux les genres et les espèces n'étaient que des noms et, par conséquent, des signes sensibles servant à désigner un grand nombre de choses particulières.

Ceux-ci inclinaient naturellement vers le sensualisme, mais leurs croyances religieuses les retenaient sur la pente où les engageait le nominalisme.

Entre ces deux opinions extrêmes prenait place une doctrine enseignée par les Thomistes et puisée dans les écrits d'Aristote.

Cette doctrine parvenait à sauvegarder l'objectivité réelle des idées sans altérer leur nature et omber dans les exagérations d'un certain réalisme. Franchement spiritualiste, elle savait toutefois reconnaître le concours important des facultés sensibles au fonctionnement de la vie intellectuelle. Ceux donc, et ce fut le plus grand nombre, dont le bon sens refusait de souscrire aux hypothèses des réalistes outrés crurent trouver dans cette doctrine intermédiaire d'Aristote et de saint Thomas le moyen d'éviter des exagérations qu'il leur répugnait d'admettre, tout en évitant l'écueil du nominalisme.

Ainsi, grâce à la philosophie d'Aristote interprétée dans le sens des idées chrétiennes, grâce surtout à l'influence de ces idées, dont l'atmosphère intellectuelle était comme imprégnée alors, le sensualisme au moyen âge ne fut guère qu'une tendance sans cesse réprimée et le spiritualisme resta le trait caractéristique de cette période de douze siècles.

Le quinzième et surtout le seizième siècle amènent une réaction contre l'esprit du moyen âge. Tandis que le protestantisme proclame le principe du libre examen d'où sortiront plus tard les écoles rationalistes et libérales ; la Renaissance substitue à l'enseignement de la scholastisque celui de la philosophie grecque.

Le réveil des idées païennes provoque l'essor du spiritualisme exagéré et du sensualisme contenu jusque-là. Aristote avait fait autorité au moyen âge ; une école fut fondée qui se consacra tout entière à l'étude et au culte de Platon. Accentuant les tendances idéalistes du maître, elle revint finalement aux rêveries mystiques et aux conceptions nuageuses de l'ancienne école d'Alexandrie.

Une réaction se produisit en faveur d'Aristote, mais ceux qui la menaient étaient non moins opposés à la scholastique qu'aux théories néoplatoniciennes.

L'interprétation que les Thomistes donnaient d'Aristote fit place à une interprétation nouvelle d'un sensualisme fort peu équivoque.

Vers le milieu du seizième siècle, un philosophe italien, Bernardino Téléso, se déclare également adversaire des Scholastiques, d'Aristote et de Platon. Cherchant à affranchir la philosophie du joug de l'antiquité comme du moyen âge, il ne lui reconnaît d'autre loi que l'expérience sensible et s'efforce de diriger les travaux de l'esprit humain vers l'étude de la nature. On le considère comme le précurseur de Bacon.

La période réactionnaire dont je viens d'esquisser les principaux traits, prépare l'avènement de la philosophie moderne. Celle-ci entre en scène au dix-septième siècle avec Descartes et Bacon. Née d'une réaction contre la scolastique, elle présente des caractères précisément opposés. La philosophie au moyen âge fut généralement orthodoxe et spiritualiste ; la philosophie moderne se souleva contre tout dogmatisme, elle proclama l'affranchissement complet de la pensée humaine, elle devint rationaliste, et du rationalisme glissa insensiblement dans le positivisme et le matérialisme.

Descartes fut vraiment le père de la philosophie moderne. L'esprit d'indépendance et celui d'observation, le rationalisme et le positivisme forment le fond de sa méthode.

Peut-être s'étonnera-t-on d'un tel jugement porté sur un philosophe dont les croyances religieuses et le spiritualisme sont bien connus.

Mais il faut distinguer dans Descartes le croyant du philosophe. Celui-ci n'a pas hésité, au début de ses recherches spéculatives, à révoquer en doute l'ensemble de ses connaissances sans en excepter l'existence de Dieu ni les vérités premières de la métaphysique. Il considérait qu'en abordant l'étude de la philosophie, on doit faire abstraction de toute conviction antérieure, qu'elle soit le résultat de l'enseignement ou de l'évidence. C'était là revendiquer l'indépendance de la pensée humaine non seulement vis-à-vis du dogmatisme, mais encore vis-à-vis des vérités premières. Il eût certes été difficile de se former une idée plus absolue de cette indépendance.

D'autre part, si Descartes appartenait par l'ensemble de son système à l'école spiritualiste dont il fut le chef au dix-septième siècle, il s'inspirait manifestement de l'idée fondamentale du positivisme en cherchant à établir toute science aussi bien spéculative qu'expérimentale sur un simple fait : celui de sa propre existence.

Tandis que Descartes posait les deux principes fondamentaux de la philosophie moderne, Bacon, en Angleterre, reprenait la thèse soutenue un siècle plus tôt par l'Italien Téléso.

La première partie de son œuvre est une apologie des sciences expérimentales dont il raconte les progrès et prédit le glorieux avenir ; la seconde intitulée : *Novum Organum*, formule les règles de l'induction.

Bacon recommande l'emploi de cette méthode, il se plaît à critiquer la méthode déductive qui fut celle de la scolastique. On lui trouve ce mépris des procédés *à priori* qui est le propre du positiviste.

Bacon jeta les fondements d'une école dont les principaux représentants au dix-septième et au dix-huitième siècle furent franchement sensualistes et d'où sortit le positivisme moderne.

Hobbes restreint le domaine de la philosophie au monde des corps. La question de l'existence de Dieu et de sa nature est d'ordre théologique ; l'esprit est un corps infiniment subtil.

Gassendi puise aux sources de la philosophie épicurienne.

Locke enseigne qu'il est impossible de démontrer que le principe pensant est immatériel. Cette vérité, selon lui, n'est connue que par la révélation. Comme Hobbes il est nettement nominaliste. « L'Universel, écrit-il, ne se rapporte qu'aux signes. »

Condillac, dans son *Traité des sensations*, cherche à nous faire voir comment l'impression organique devient la sensation et comment celle-ci se transforme à son tour dans les différentes opérations de l'esprit.

Toutefois ces philosophes, préoccupés de combattre la théorie des idées innées de Descartes et l'ontologisme de Malebranche, s'attachèrent plus à saisir l'origine et la nature des concepts, qu'ils confondaient avec les sensations, qu'à définir la sphère du savoir humain et les procédés scientifiques. Ce second point de vue devait être surtout celui de la nouvelle école empirique, c'est-à-dire du positivisme. Deux causes concourent à l'avènement de cette école : les extravagances de certaines écoles spiritualistes amenant fatalement une réaction ; et la prépondérance des sciences expérimentales.

Le dix-huitième siècle inaugure l'ère des découvertes scientifiques ; or, tandis que les travaux de l'esprit humain aboutissent dans le domaine de l'expérience aux brillants résultats que l'on sait, les métaphysiciens, plus soucieux de s'élever à des conceptions originales que de conformer leurs enseignements aux règles du bon sens, épuisent leur activité en de futiles spéculations et n'engendrent que d'ingénieux systèmes bâtis sur des sophismes. Il n'en fallut pas davantage pour discréditer la métaphysique ; on la délaissa comme un vain jeu de l'esprit, et l'activité intellectuelle se porta presque tout entière vers l'étude des phénomènes sensibles. Cette direction imprimée au mouvement des esprits, détermina l'avènement de la philosophie positive.

David Hume et Kant en jetèrent les fondements. Auguste Comte lui apporta sa constitution définitive. Herbert Spencer et Stuart Mill en Angleterre, Littré et Taine en France, en furent dans la suite les plus illustres représentants.

L'influence exercée sur les positivistes contemporains par les écrits de David Hume et de Kant fut trop considérable pour que nous puissions passer ces deux noms sous silence. Arrêtons-nous un instant à considérer les idées fondamentales de leur système.

Kant est loin d'être un sensualiste. Nul ne sépara plus nettement le domaine de l'expérience du domaine de la raison pure.

Mais il entreprit de démontrer que celle-ci ne peut engendrer aucune connaissance certaine sur la nature des choses et leurs lois.

Son idéalisme subjectiviste le conduisit aux mêmes conclusions que l'école empirique en ce qui concerne la valeur scientifique des opérations spéculatives. Et c'est pourquoi j'ai cru pouvoir le rattacher à cette école, bien que sa philosophie fût évidemment spiritualiste.

Il établit une distinction entre les jugements *à priori* et les jugements *à posteriori*, la connaissance des principes et la connaissance expérimentale ou celle des choses qui tombent sous les sens.

Deux opérations, selon Kant, interviennent dans la connaissance expérimentale; l'une en fournit la matière ou l'élément *à posteriori*; l'autre la forme ou l'élément *a priori*. La première de ces opérations émane de la sensibilité, Kant lui donne le nom d'*intuition*, la seconde émane de l'entendement.

Nous allons les analyser tour à tour.

Quand je porte un jugement sur un objet présent à mes sens, j'éprouve tout d'abord une impression dans laquelle s'affirme l'objet. La faculté d'être affecté par cet objet constitue la sensibilité ; l'impression éprouvée est une donnée de l'expérience ; le fait d'éprouver l'impression est l'acte d'*intuition* ou la première des deux opérations signalées tantôt.

L'impression considérée en elle-même ne peut être définie ; elle est, tout comme sa cause, essentiellement indéterminée ; elle représente la matière ou l'élément *a posteriori* de la connaissance. Dans cet état, elle ne peut encore faire l'objet d'un jugement.

Mais ici commence la seconde opération, celle de l'entendement. L'esprit s'empare de cet élément fourni par la sensibilité ; il en fait l'objet d'un concept et lui communique une forme déterminée qui le rend susceptible d'être pensé.

Le concept, appliqué à l'objet des sens, ne dérive pas de l'*intuition*. Il se trouve dans l'esprit antérieurement à toute connaissance *à posteriori*, puisqu'il en est la condition nécessaire. Kant l'appelle *une forme* à raison de sa fonction qui consiste à déterminer d'une certaine façon les données essentiellement informes de la sensibilité ; il lui donne le nom de *forme à priori* à raison de son origine qui ne saurait être empirique.

En résumé, l'opération de l'entendement consiste à appliquer un concept *à priori* à quelque chose d'indéterminé en soi, perçu par les sens et qui, grâce à cette application, apparaît à l'esprit avec une forme déterminée et devient l'objet d'un acte de pensée.

Mais ce quelque chose possède-t-il réellement la forme que lui prête l'esprit ? Cette question est insoluble.

Ainsi quand je me représente les choses qui m'impressionnent comme des existences dans l'espace et dans le temps, l'espace et le temps sont des concepts *à priori* appliqués aux données de la sensibilité qu'ils coordonnent. Les relations ainsi établies par l'esprit, ont-elles une réalité proprement dite ? Nul ne peut le dire. Dans la connaissance des choses sensibles, l'esprit ne se conforme point aux choses, mais les choses à l'esprit.

La même incertitude s'étend, selon Kant, aux connaissances *à priori*. Les principes, objet de ces connaissances, sont analytiques ou synthétiques. Dans le premier cas l'idée du sujet contient celle de l'attribut, le jugement est alors purement explicatif, il constitue une pure tautologie. Ainsi, en disant que l'homme est animal raisonnable, je dis deux fois la même chose.

Mais, si l'idée du sujet ne contient pas celle de l'attribut, le jugement ne se justifie ni par l'expérience ni par l'analyse des idées, l'une n'étant pas impliquée dans l'autre. Dans ce cas, en attribuant le prédicat au sujet, l'intelligence obéit aveuglément à une loi de sa nature et le jugement formulé n'exprime en réalité que cette loi. Il est synthétique *à priori*. Lorsque vous dites par exemple que tout événement doit avoir une cause, vous reconnaissez seulement la nécessité où vous êtes de juger de cette manière.

Les lois de la pensée sont-elles conformes aux lois des choses ? Question aussi insoluble que celle qui a été posée plus haut.

L'exposé succinct de cette doctrine nous montre en Kant un précurseur du positivisme moderne. Les idées fondamentales de la philosophie positiviste, si l'on fait abstraction de son caractère sensualiste, se dégagent de toutes parts des enseignements du philosophe de Kœnigsberg : la raison est incapable d'engendrer aucune certitude ; dans ses opérations spéculatives, elle ne saisit que ses propres lois et combine aveuglément des concepts vides de réalité ; dans ses jugements *à posteriori*, elle prête arbitrairement aux données de la sensibilité des formes *à priori* dont rien ne garantit la valeur objective ; quant à la sensibilité, elle ne porte point sur des choses au sens propre du mot, mais sur des *phénomènes* dont il est impossible de préciser la nature.

Si Kant ne peut être rangé parmi les représentants de l'école empirique que sous certaines réserves, puisqu'il a su conserver à son enseignement un caractère éminemment spiritualiste, distinguant avec une grande précision dans la connaissance l'élément intellectuel de l'élément sensible, on ne peut en dire autant de David Hume. *Les essais sur l'entendement humain* contiennent en quelques pages toute la théorie positiviste exposée très nettement et interprétée parfois dans un sens beaucoup plus radical que ne l'a fait Auguste Comte.

Hume commence par rejeter la théorie des idées innées de Descartes et des formes *à priori* de Kant; il enseigne, et avec raison, que les idées dérivent de l'expérience sensible; mais, non content de leur attribuer cette origine, il les considère comme de simples copies d'impressions ou, mieux encore, des impressions reproduites par l'esprit et qui ne diffèrent des autres que par une moindre intensité.

Traitant des associations d'idées, il semble ignorer celles qui se fondent sur des rapports logiques et leur assigne les causes toutes mécaniques des associations d'images sensibles. Une liaison d'idées s'opère, selon lui, soit à raison de la ressemblance des objets représentés, soit à raison de leur contiguïté de lieu ou de temps, soit enfin à raison de leur succession d'après un ordre invariable.

David Hume donne à cette dernière relation le nom de causalité.

Mais le caractère positiviste de son enseignement apparaît surtout dans sa théorie de l'induction et dans sa conception du principe de causalité.

Quand nous raisonnons sur des vérités de fait, nos conclusions n'expriment jamais que des relations de cause à effet. Découvrir une relation de ce genre, tel est le but de toute induction scientifique.

Si je trouve dans quelque endroit désert une montre ou un autre objet fabriqué, je dirai aussitôt qu'un homme a passé par là, considérant ce dernier fait comme la cause naturelle du premier. De même dans tous les autres cas où je conclus d'un fait à un autre, j'énonce entre eux une relation de causalité.

Mais, demande David Hume, quel peut être le fondement logique d'une telle conclusion, comment ! justifier aux yeux de la raison, et, en second lieu, quelle en est la véritable signification ?

On verra par la réponse de Hume à la seconde question que le positivisme est la négation de tout raisonnement inductif.

Et tout d'abord, fait très justement remarquer David Hume, les lois et les opérations de la nature ne peuvent être connues *à priori*, mais seulement par l'expérience. Cette vérité, nous l'avons nous-même énoncée plus haut et nous aurons l'occasion d'y revenir dans la suite. Comment pourriez-vous savoir par le seul raisonnement et sans recourir à l'observation des faits que le pain nourrit, que la poudre éclate, que telle combinaison chimique donne tel résultat ? Toutes les fois que vous affirmez qu'un agent est la cause d'un événement, vous vous basez sur les données de l'expérience.

Mais ces données justifient-elles votre jugement en bonne logique? Vous ne voyez point la nature intime des agents de l'univers; s'il vous était donné de la percevoir, vous pourriez, par la seule considération des ces agents, prédire les effets qui en résulteront. Or, il n'en est point ainsi; c'est un signe que l'expérience ne vous fait percevoir aucune relation nécessaire entre la physionomie d'un corps et son mode intime d'action. Cependant vous affirmez une telle relation et vous n'hésitez pas à prédire que tous les corps, possédant les mêmes apparences, produiront des effets semblables.

Encore une fois, quel peut être le fondement logique de votre jugement ? Il n'en a point, répond David Hume.

S'il n'est susceptible d'aucune démonstration ni *à priori* ni *à posteriori*; si le raisonnement pur, pas plus que l'expérience, ne peut être invoqué à son appui, que dire de la certitude attachée à un tel jugement ?

Cette certitude n'est évidemment pas le résultat d'une opération intellectuelle, elle n'est point le fait de la raison mais d'une espèce d'instinct, fruit de l'habitude et que l'on découvre également chez les animaux. Vous avez toujours vu A suivi de B, et c'est pourquoi il vous est devenu impossible d'imaginer l'un sans l'autre.

En conséquence, que signifie cette proposition, que A est la cause naturelle de B ? Elle signifie seulement qu'une série d'expériences vous ayant montré A invariablement suivi de B, vous ne pourriez vous les représenter dans un ordre inverse.

Voilà donc le rapport de causalité réduit à un simple rapport de succession et sa nécessité devenue une nécessité toute subjective issue de l'habitude.

Dans le langage de Hume, le mot cause veut dire antécédent invariable et rien de plus. C'est à tort que l'on y rattache l'idée de pouvoir ou de force productrice. D'ailleurs, toutes nos idées dérivent de l'expérience ; or, prétend David Hume, ni les données de la conscience ni celles du sens intime ne nous fournissent la notion de cause comme on voudrait généralement l'entendre. Telles furent donc les origines de l'école empirique moderne. Pour la faire connaître, il me suffira d'analyser quelques œuvres émanées de ses représentants les plus illustres.

Chacune de ces œuvres me révèlera dans le positivisme un aspect particulier. J'éviterai ainsi les redites fastidieuses dans lesquelles je tomberais infailliblement s'il me fallait passer en revue tous les écrits des positivistes. Ceux-ci, en effet, travaillant sur un même fonds d'idées, puisant aux mêmes sources, s'inspirant souvent les uns des autres, n'ont pu avoir, chacun, des vues originales. En m'appliquant à l'étude des maîtres, j'apprendrai à connaître ceux qui les ont suivis.

Dans l'énoncé des principes du positivisme, ce système a été envisagé au point de vue : *a)* des lois ou évolution de l'esprit humain ; *b)* de l'objet de la connaissance ; *c)* de sa nature. Ces trois points de vue vont nous guider ici.

Auguste Comte, dans son *Cours de philosophie positive*, nous décrira l'évolution de la pensée humaine considérée dans les différentes sphères de son activité.

Spencer, dans ses *Premiers Principes*, se proposera surtout de définir la limite qui sépare le domaine du connaissable du domaine de l'inconnaissable.

Enfin, Stuart Mill, dans sa *Logique* et Taine, dans son *traité de L'intelligence*, s'attacheront principalement au troisième point de vue indiqué tantôt, à savoir l'étude des opérations de l'esprit.

AUGUSTE COMTE.

I.

On pourrait à la rigueur faire commencer l'histoire du positivisme proprement dit à partir de Comte. Ce philosophe, en effet, est généralement considéré comme le fondateur de l'école positiviste. A vrai dire un tel titre ne peut lui être conféré sans restrictions. Lui-même n'a jamais songé à le revendiquer. Une revendication de cette nature eût d'ailleurs été incompatible avec l'idée fondamentale de son système. Le mouvement positiviste, on l'a vu, remonte à une époque fort ancienne.

L'orientation des esprits vers l'étude des phénomènes sensibles est un fait que constate Aug. Comte, qu'il se propose d'interpréter et d'observer sous ses divers aspects, mais dont il ne s'attribue en aucune façon la paternité. Pour lui la philosophie positiviste a son fondement dans les lois essentielles de l'esprit humain. Si les découvertes scientifiques des derniers siècles ont contribué à étendre son règne, elle est pourtant avant tout le résultat d'une évolution intellectuelle spontanée et fatale. Tout n'est pas erreur dans cette opinion. Nous avons, il est vrai, défini le positivisme un système philosophique, mais aussi nous avons reconnu en lui la manifestation d'une tournure ou d'une tendance spéciale de l'esprit humain. Cette tendance n'est pas le propre de quelques intelligences isolées, mais d'un grand nombre ; un ensemble de circonstances l'ont rendue presque générale aujourd'hui.

Non seulement, M. Comte n'est pas le créateur du mouvement positiviste, mais il n'a point le premier formulé les idées dont s'est inspiré ce mouvement. Bien avant Comte, ainsi qu'on a pu le voir, Hume, Kant et les criticistes exposent ces idées et en portent le développement logique, aussi loin que possible. A ce point de vue, ils ont été plus positivistes que le philosophe français. Celui-ci en effet, dans son ouvrage capital, ne semble pas soupçonner les conséquences subjectivistes de ses principes ; au contraire, elles sont exprimées de la façon la plus catégorique dans les écrits de Kant et de ses disciples.

Faut-il donc contester absolument à Comte le titre qui lui est conféré ? En aucune façon. S'il n'a pas été le premier à formuler la thèse positiviste et s'il n'en a point tiré toutes les conséquences, il lui revient tout au moins d'avoir envisagé cette thèse à un point de vue vraiment positif. Ce mérite il ne le partage ni avec les criticistes qui l'ont précédé, ni même avec le plus grand nombre des positivistes qui l'ont suivi. Les travaux de Hume et de Kant sont des œuvres de pure spéculation et révèlent chez leurs auteurs des tendances bien plutôt idéalistes que positives. Les mêmes tendances se manifestent chez Spencer lorsqu'il cherche à établir la thèse positiviste par la critique des notions fondamentales de l'esprit humain. Le traité de logique de Stuart Mill n'est également qu'une œuvre spéculative. Les criticistes et après eux le plus grand nombre des positivistes, nous ont fait voir la raison s'analysant elle-même et fondant un enseignement positiviste sur la critique de ses propres opérations. Ce procédé supposait nécessairement la possibilité de la réflexion et par conséquent d'une connaissance *à priori*. Il se trouvait ainsi en contradiction manifeste avec l'esprit de la philosophie positive, qu'il était appelé à défendre.

Auguste Comte a eu conscience de cette contradiction. Il a tâché de l'éviter en se conformant dans ses enseignements, tout au moins en apparence, aux tendances et à la méthode qu'il préconisait. Il suffit pour s'en convaincre de considérer la manière dont il formule la thèse positiviste et dont il la développe. Selon lui, elle n'exprime point une vérité de raison, mais un ensemble de faits relatifs à la marche générale de l'esprit humain à travers les âges. Ces faits ne sont point susceptibles d'une démonstration *à priori*. Il importe de les constater et pour cela d'interroger l'histoire. La méthode empirique peut seule établir l'évidence de la thèse positiviste. Auguste Comte rejette d'ailleurs de la façon la plus catégorique les procédés spéculatifs. Loin d'avoir recours, pour connaître les lois de l'esprit humain, à l'analyse psychologique et à la réflexion, il va jusqu'à nier la possibilité d'un tel procédé. A ses yeux l'observation d'un phéno-

mène intellectuel quelconque est chose radicalement inconcevable. « L'esprit humain, dit-il, peut
» observer directement tous les phénomènes
» excepté les siens propres. L'individu pensant ne
» peut se partager en deux dont l'un raisonnerait
» et dont l'autre regarderait raisonner. L'organe
» observé et l'organe observateur étant dans ce cas
» identiques, comment l'observation pourrait-elle
» avoir lieu ? »

En parlant ainsi, Aug. Comte condamne absolument toute méthode spéculative. Il en conteste non seulement la valeur, mais même la possibilité. Si l'intelligence ne peut d'aucune manière connaître les phénomènes qui l'affectent, si elle est privée de la faculté de réfléchir, elle ne peut davantage comparer ses concepts entre eux pour en saisir les relations, car cet acte suppose réflexion. Or, nous l'avons dit, toute notre activité spéculative réside dans la comparaison et l'analyse des concepts.

En résumé : Aug. Comte n'énonce pas la thèse positiviste comme l'ont fait d'autres philosophes de la même école, c'est-à-dire sous la forme d'une doctrine. Il ne prétend point la démontrer rationnellement. Dans sa pensée, elle exprime un fait dont l'évidence doit résulter d'une étude empirique ou d'observation externe. Parcourant l'histoire de chaque science, Comte veut nous montrer que les applications de la méthode positive y deviennent d'autant plus fréquentes que la science est plus développée. Il en conclut que l'esprit humain tend en se perfectionnant à se conformer de plus en plus aux principes de la philosophie positive. C'est pour avoir le premier formulé l'enseignement positiviste sous une forme positive qu'il a mérité d'être considéré comme le père de cet enseignement.

En parcourant rapidement les idées qu'il expose dans son cours de Philosophie, nous justifierons cette appréciation.

II.

LA PHILOSOPHIE POSITIVE — SES LOIS — SA MISSION.

Auguste Comte définit la philosophie positive en la distinguant de la philosophie théologique et métaphysique. Il fut, si je ne me trompe, le premier ou tout au moins un des premiers à formuler la distinction que nous avons exposée plus haut entre ces trois philosophies. Il vit dans les idées théologiques les derniers vestiges d'une phase primitive de l'évolution intellectuelle, les conceptions métaphysiques marquaient à ses yeux une phase intermédiaire entre l'enfance de la raison et son complet développement, enfin, sous le règne de la philosophie positive l'intelligence entre, selon lui, dans la dernière période de son évolution, c'est-à-dire dans la période vraiment scientifique.

En étudiant le positivisme au point de vue logique, on se persuade qu'il doit finir par confondre l'objet du savoir humain avec les données immédiates de l'expérience, faisant abstraction de la nature intime des phénomènes et des relations de causalité qui les unissent pour s'attacher exclusivement à la description de leurs caractères extérieurs et des circonstances qui accompagnent leur production. Auguste Comte confirme cette conclusion qui se dégage de l'idée positiviste, lorsqu'il écrit : « Dans l'état positif, nous renonçons à

» chercher l'origine et la destination de l'univers
» et à connaître les causes intimes des phénomè-
» nes pour nous attacher à découvrir leurs lois,
» c'est-à-dire leurs relations de similitude et de
» succession. »

Et plus loin : « Dans les explications positives
» on n'expose pas les causes génératrices des phé-
» nomènes, mais on analyse les circonstances de
» leur production. »

La philosophie positive destinée à se substituer complètement aux idées théologiques et métaphysiques, est elle-même régie par les lois qui ont déterminé les progrès de ces idées. On a vu la religion restreindre de plus en plus le nombre des divinités et arriver finalement à la forme monothéiste ; la métaphysique identifier toutes les entités abstraites imaginées pour rendre compte des phénomènes avec une entité plus générale appelée la nature. De même, enseigne Comte, la philosophie positive tend à confondre de plus en plus les variétés des phénomènes en les considérant comme de simples aspects de quelques phénomènes généraux en nombre relativement restreint.

Elle trouverait le dernier mot de la science si elle parvenait à montrer que tous les phénomènes ne sont en définitive qu'un seul et même fait primordial et foncier envisagé à des points de vue distincts. « Mais, écrit M. Comte, je crois l'esprit
» humain trop faible et l'univers trop compliqué
» pour qu'une telle perfection scientifique soit
» jamais à notre portée. »

Après avoir défini la philosophie positive et formulé ses lois, Aug. Comte se demande quelle en est la mission.

La connaissance philosophique se caractérise par sa généralité, elle est le fondement de toute autre connaissance. La philosophie positive a pour mission de nous donner une vue d'ensemble ou synthétique de toutes les sciences envisagées comme positives, c'est-à-dire comme se rapportant d'une façon exclusive à l'étude des phénomènes extérieurs ou sensibles, abstraction faite de leurs causes. Elle accomplira cette mission: 1° en définissant les rapports qui existent entre les divers groupes de vérités ou de lois formant chacun l'objet d'une science spéciale ; 2° en montrant qu'une même méthode s'impose à toutes les sciences. Dans le premier cas elle envisagera ces dernières au point de vue de leurs enseignements ou de leurs doctrines et son œuvre sera une classification des connaissances humaines ; dans le second cas elle les envisagera en tant que phénomènes logiques soumis comme tels aux lois fondamentales de l'intelligence.

Opérer la classification des sciences en définissant les relations qui existent entre les vérités qu'elles enseignent, ramener les procédés et les méthodes scientifiques à l'unité en montrant qu'ils ne sont que des manifestations d'un même mode de penser positif, telle est la double mission qui incombe à la philosophie positive, tel est aussi le but général du cours de M. Comte. Outre ce but général, il s'en propose un plus spécial dérivant d'ailleurs du premier. De toutes les sciences, la sociologie est encore tout entière dominée par les idées théologiques et métaphysiques, l'esprit positif n'y a point pénétré. Il importe de l'y introduire. Comte se propose d'accomplir cette tâche, jetant ainsi les fondements d'une sociologie nouvelle conforme aux principes de la philosophie positive.

Mais il faut tout d'abord connaître ces principes. Or, d'après Comte, une idée ne peut être connue en elle-même puisque la réflexion est impossible; nous ne pouvons l'étudier qu'en observant les faits extérieurs qui en constituent les réalisations concrètes. C'est pourquoi Auguste Comte commence par passer en revue les applications successives de l'idée positiviste aux différentes sciences et dans ce but il interroge leur histoire.

En poursuivant l'exposé de ses enseignements, nous traiterons : 1° de la classification des sciences; 2° de leurs méthodes, 3° de la constitution des études sociologiques sur des bases positivistes.

III.

CLASSIFICATION DES SCIENCES.

Aug. Comte répartit toutes nos connaissances en spéculatives et pratiques. Les mots « connaissances spéculatives » n'ont point ici le sens que nous leur avons attribué en les opposant aux mots « connaissances expérimentales ». Ils ne désignent point l'évidence *à priori* ou de raison pure. Nous avons entendu Aug. Comte nier catégoriquement toute évidence de cette nature en refusant à l'intelligence jusqu'à la faculté de réfléchir. Par « connaissances spéculatives », il entend les sciences proprement dites, c'est-à-dire la connaissance coordonnée des phénomènes et de leurs lois.

Quant aux connaissances pratiques, elles concernent les moyens ou l'art d'utiliser nos connaissances théoriques ou spéculatives, en nous en servant pour exercer une action directrice sur les phénomènes, déterminer leur accomplissement ou y mettre obstacle selon que le besoin s'en fait sentir.

Ces connaissances n'ont point atteint leur forme scientifique. Une théorie générale de l'art reste encore à faire. Son élaboration exigera les travaux accumulés de plusieurs générations de savants. Aug. Comte ne s'occupera donc que des connaissances spéculatives.

Celles-ci sont à leur tour abstraites ou concrètes.

« Les premières, dit Aug. Comte, ont pour objet la découverte des lois qui régissent les diverses classes de phénomènes ; les secondes, particulières, descriptives, appliquent ces lois à l'histoire des différents êtres existants. » Il importe de bien saisir le sens de cette définition. Aux yeux de M. Comte, tous les phénomènes ne sont en définitive que les manifestations d'un seul et même fait primordial et foncier. Les définir serait opérer l'unification complète de nos connaissances et atteindre la perfection scientifique la plus élevée. Mais, avons-nous vu, M. Comte ne croit pas cet idéal réalisable. Toutefois, nous pouvons y tendre et nos progrès intellectuels prouvent que nous y tendons sans cesse. Quand nous expliquons un certain nombre de phénomènes par une même loi, en réalité nous saisissons en eux un point de vue qui leur est commun. Or ce n'est là, d'après Comte, que les réduire à un fait universel dont ils marquent les divers aspects. De même rattacher plusieurs lois à une loi plus générale, c'est découvrir dans certains faits, déjà élémentaires, un fait plus élémentaire encore dont les premiers ne sont que les différentes manifestations.

Ainsi, lorsque je rapporte aux lois fondamentales de la biologie plusieurs actes nettement distincts les uns des autres, comme un acte de nutrition, de locomotion, de sensibilité, c'est un signe que je perçois une relation de similitude entre eux. Selon Aug. Comte, cette relation suppose que les divers phénomènes comparés les uns aux autres ne forment qu'un seul et même fait, qui est celui de la vie en général et dont les aspects sont multiples. Le lecteur remarquera que cette doctrine n'est pas absolument étrangère à l'idée du réalisme exagéré que le positivisme s'était pourtant donné mission de combattre jadis.

Toutefois les faits élémentaires, en nombre relativement limité, découverts par l'analyse scientifique sous la multitude et la diversité des phénomènes sensibles, ne se produisent pas dans la nature tels que l'abstraction parvient à les concevoir. Ils revêtent au contraire les apparences d'une grande complexité, se lient intimement à d'autres faits, sont accompagnés de circonstances diverses et changeantes, et adoptent toujours une forme spéciale bien que très variable d'après les cas. Ainsi le phénomène vital ne se révèle nulle part sans être un phénomène de nutrition, ou de reproduction, ou de locomotion, ou encore de sensibilité, et de plus, il dépend nécessairement de certaines influences physiques, chimiques et même astronomiques.

Nous comprendrons maintenant sans peine ce qu'il faut entendre par les sciences abstraites et les sciences concrètes. « Les premières, nous a dit Aug. Comte, ont pour objet les lois générales des phénomènes ; les secondes appliquent ces lois aux êtres existants. » Quel est le sens précis de cette proposition? Les sciences abstraites étudient les faits élémentaires de la nature en eux-mêmes, abstraction faite des circonstances qui les entourent et des aspects qu'ils présentent dans la réalité. Au contraire, les sciences concrètes s'attachent à la description de ces aspects particuliers et de ces circonstances. Elles envisagent les événements non dans leur simplicité primordiale, tels que l'abstraction les conçoit, mais dans leur complexité, tels qu'ils tombent directement sous les regards de l'expérience.

Le point de vue philosophique étant toujours synthétique ou général, la philosophie positive ne doit pas s'occuper dans son œuvre de classification des phénomènes pris individuellement, c'est-à-dire des sciences concrètes. Celles-ci d'ailleurs, précisément à raison de leur complexité, sont loin d'être arrivées à un développement qui permette de les classer d'après certains principes généraux.

La philosophie positive envisagera donc les phénomènes au point de vue de leurs lois ou, ce qui revient au même, des faits élémentaires auxquels ils sont réductibles. Elle ne s'occupera que des sciences abstraites.

Toute classification suppose : 1° que les choses à classer soient distinguées les unes des autres ; 2° qu'elles soient disposées dans un certain ordre.

En combien de groupes Comte divise-t-il les lois des phénomènes, ou encore quelles sont, selon lui, les diverses branches des sciences abstraites ?

Quelle place assigne-t-il à chacune de ces branches vis-à-vis des autres ?

Telles sont les deux questions que nous allons examiner.

Tous les phénomènes qui s'accomplissent dans l'univers sont inorganiques ou organiques. Parmi les phénomènes d'ordre inorganique, les uns sont célestes, les autres terrestres. Ces derniers se distinguent à leur tour en chimiques et physiques selon qu'ils altèrent la nature des corps affectés ou la laissent intacte.

L'astronomie étudie les phénomènes célestes.

La physique et la chimie ont pour objet les phénomènes terrestres. « La physique, écrit Aug. Comte, consiste dans l'étude des lois qui régissent les propriétés générales des corps, ordinairement envisagés en masse et constamment placés dans des circonstances susceptibles de maintenir intacte la composition de leurs molécules et même le plus souvent leur état d'agrégation. Le but des théories physiques est de prévoir le plus exactement possible tous les phénomènes que présentera un corps placé dans des circonstances déterminées en excluant toutefois celles qui pourraient le dénaturer. » La chimie, au contraire, étudie ces phénomènes qui supposent une altération plus ou moins complète, mais toujours appréciable de la constitution même du corps modifié. « Le phénomène chimique, écrit A. Comte, implique une composition ou une décomposition du corps et le plus souvent l'une et l'autre »

La biologie et la sociologie concernent spécialement les êtres organiques. La biologie les étudie isolément, se préoccupant seulement des phénomènes vitaux qu'ils présentent. La sociologie les considère dans leurs relations réciproques.

Enfin, les mathématiques formulent les lois du nombre, des dimensions et du mouvement. Elles se divisent ainsi en trois branches : le calcul, la géométrie, la mécanique.

En résumé, les sciences abstraites sont, d'après M. Comte, l'astronomie, la physique et la chimie, ces trois sciences concernent spécialement les phénomènes d'ordre inorganique; puis la biologie et la sociologie ayant pour objet les êtres vivants; enfin les mathématiques comprenant le calcul ou la science du nombre, la géométrie ou la science de l'étendue, la mécanique ou la science du mouvement.

Nous venons d'énumérer les sciences abstraites. Voyons quelle place Auguste Comte assigne à chacune d'elles vis-à-vis des autres.

Quel sera le principe de sa classification ?

Les différents groupes de phénomènes constituant chacun l'objet d'une science spéciale ne sont point, bien que distincts, indépendants les uns des autres. Les phénomènes astronomiques exercent une certaine influence sur tous les autres. Les phénomènes chimiques dépendent de certaines conditions d'ordre physique telles que la chaleur. Les phénomènes physiologiques et, jusqu'aux phénomènes sociaux, se lient d'une façon plus ou moins intime à des faits astronomiques, chimiques ou physiques. La distinction de la physique ou de la chimie en organique et inorganique tend à s'effacer de plus en plus. On s'accorde chaque jour davantage à reconnaître que les mêmes lois régissent les phénomènes physiques et chimiques dans le monde inorganique et organique, avec cette seule différence que chez l'être organisé les lois spéciales de la vie, se combinant avec les lois physiques et chimiques, peuvent parfois contrarier ou plutôt diriger jusqu'à un certain point, mais nullement détruire l'action et les effets de ces dernières. Enfin tous les phénomènes, qu'ils appartiennent au monde organique ou inorganique, qu'ils soient physiologiques, chimiques ou physiques, sont soumis aux lois générales du mouvement, de l'étendue et du nombre.

L'ordre hiérarchique qui existe entre les divers groupes de phénomènes élémentaires ou de lois doit subsister aussi entre les sciences correspondantes. Partant de cette idée, A. Comte entreprend de classer ces sciences conformément à cet ordre. De plus chaque science ajoutant ses lois propres à celles des autres sciences, sa place dans la série indiquera, en même temps que son degré de dépendance, celui de sa complexité.

Tel est le principe sur lequel se fonde la fameuse classification de Comte. Il nous reste à étudier comment il applique ce principe aux diverses sciences que nous venons de définir et dont l'énumération résume, à ses yeux, toutes les connaissances abstraites ou générales.

Les lois du nombre, de l'étendue, du mouvement étant les plus universelles, les sciences mathématiques dans lesquelles sont comprises les mathématiques proprement dites, l'algèbre, la géométrie, la mécanique rationnelle, forment le fondement de toutes les autres sciences et présentent au plus haut degré le caractère propre à la connaissance philosophique. Puis viennent successivement l'astronomie qui ajoute aux lois du nombre, de l'étendue, du mouvement, celle de la gravitation ; la physique qui, pour expliquer ses phénomènes, recourt, en partie, aux influences astronomiques, en partie, à l'action des lois physiques constituant son domaine propre ; la chimie dont les phénomènes sont la résultante des lois astronomiques, physiques et chimiques combinées ; enfin la biologie et la sociologie qui se rapportent à des phénomènes plus complexes encore, ne relevant pas seulement des lois spéciales de la vie, mais aussi d'un nombre incalculable de conditions d'un autre ordre : telles que les influences climatériques, la nature du sol et bien d'autres circonstances analogues.

IV.

MÉTHODES ET PROCÉDÉS SCIENTIFIQUES.

La philosophie positive doit encore, avons-nous dit, ramener à l'unité tous les procédés et toutes les méthodes scientifiques en introduisant, dans chacune des branches de l'activité intellectuelle, le même mode positif de penser à l'exclusion de tout autre. Voyons comment elle s'acquitte de cette tâche.

La méthode positive détermine le but et les règles des procédés empiriques ou d'observation.

Le but de ces procédés n'est point d'arriver à la connaissance de la nature des substances ou des agents. On sait que au dire d'Aug. Comte, un tel but dépasse la portée de l'esprit humain. Étant donné un phénomène, il importe seulement de déterminer, parmi les circonstances qui accompagnent sa production, celles qui apparaissent toujours liées au phénomène en question, celles qui lui sont indifférentes, celles enfin qui, sans lui être invariablement liées, provoquent toutefois en lui par leur absence ou leur présence certaines modifications appréciables. A ce but doivent se borner toutes nos investigations. Quant à chercher ensuite la raison d'être ou le fondement des relations constatées dans la nature même des faits ou dans une action qu'ils exerceraient les uns sur les autres, c'est là pénétrer dans le domaine des hypothèses pures, où le contrôle de l'expérience, base de toute certitude, fait nécessairement défaut.

D'après cela nous pouvons distinguer trois phases dans l'emploi des procédés empiriques.

On commence par observer un phénomène tel qu'il se présente, analysant toutes les circonstances qui l'entourent. On procède ainsi à une observation proprement dite, c'est-à-dire à une description : je constate que A est accompagné de B C D.

Il importe ensuite de déterminer jusqu'à quel point B C D sont liés à l'apparition de A. Pour cela on doit modifier le milieu dans lequel est placé A. On cherche à provoquer l'accomplissement de A dans des circonstances créées artificiellement et plus ou moins différentes de B C D.

Aug. Comte donne à cette opération le nom d'expérience. Enfin, lorsque le milieu a été modifié, il faut comparer l'état actuel de A à son état antérieur. On procède alors à une étude comparative.

L'observation, l'expérience, la comparaison sont les trois opérations que comportent les procédés empiriques.

Ces procédés, on le sait, sont aux yeux d'Aug. Comte les seuls qui soient dignes de la science ; une connaissance qui ne se base point sur eux est incertaine. L'esprit humain en progressant les adopte de plus en plus, en même temps qu'il rejette les procédés spéculatifs, qui caractérisent la philosophie théologique et métaphysique. M. Comte se propose de nous le montrer.

Toutes les sciences, nous dit-il, à l'exception des mathématiques, obéissent aux lois générales de l'évolution intellectuelle, c'est-à-dire qu'elles commencent par être théologiques puis métaphysiques et sont également destinées à devenir positives.

Pour établir cette proposition, Aug. Comte, avons-nous dit, interroge l'histoire des sciences.

Il croit découvrir en chacune d'elles une tendance à se constituer sur des bases entièrement positives et considère cette tendance comme la loi de leur progrès.

Toutefois il ne soutient nullement que les sciences se soient développées parallèlement, passant toutes au même moment d'une phase de leur évolution à la phase suivante. Elles ont progressé plus ou moins lentement selon qu'elles portaient sur des matières plus ou moins complexes, et aussi selon que les circonstances secondaient ou contrariaient leurs efforts. C'est ainsi que l'astronomie, la physique et la chimie sont, au dire d'Aug. Comte, définitivement affranchies de l'influence théologique ; au contraire, cette influence se révèle encore de nos jours dans l'étude des phénomènes sociaux qui sont assurément les plus compliqués et les plus difficiles à saisir.

De plus, le passage d'une phase à une autre s'effectue pour chaque science d'une manière insensible. Il suppose toujours une période de lutte entre les idées de la philosophie destinées à disparaître et les idées nouvelles.

Selon l'écrivain positiviste, les sciences marcheraient dans la voie du progrès dans un ordre correspondant assez exactement à leur ordre hiérarchique.

Les mathématiques qui occupent le sommet de l'échelle dressée par M. Comte auraient à l'origine devancé toutes les autres sciences. Elles seraient entrées de plain pied dans la phase métaphysique sans passer d'abord, comme les autres, par la période théologique. Cette exception aux lois générales de l'évolution intellectuelle s'expliquerait par la nature des vérités mathématiques. Leur exactitude et leur précision ne laissaient en effet point de place aux hypothèses théologiques. L'idée que les rapports invariables de nombre, de distance, de mesure, pourraient bien dépendre de l'action arbitraire et capricieuse des agents surnaturels ne vint à l'esprit de personne ; et, certes, nul n'invoqua jamais la divinité pour obtenir que deux quantités égales à une troisième devinssent inégales entre elles ou que la ligne droite cessât d'être la plus courte entre deux points.

On ne peut en dire autant de l'astronomie. Elle

fut à l'origine dominée par les idées théologiques. Les anciens, on le sait, adoraient les astres, voyaient dans les phénomènes célestes l'action capricieuse de la divinité, croyaient, en invoquant celle-ci, provoquer ou empêcher l'accomplissement de ces phénomènes. Mais peu à peu l'observation scientifique découvrit des lois fixes aux évolutions des corps célestes. Cette conception positive se fortifia toujours davantage dans les esprits, à mesure que se réalisaient les prévisions fondées sur les lois que la science avait formulées. La conception théologique s'effaça complètement devant la conception positive. C'est ainsi que, selon Aug. Comte, l'astronomie est arrivée aujourd'hui à sa forme scientifique.

Tel n'est point le cas pour la physique et la chimie. Elles sont encore sous beaucoup de rapports soumises à l'influence de la métaphysique. Les nombreuses hypothèses encore accréditées de nos jours, concernant la nature et les propriétés des agents physiques et chimiques, attestent cette influence. Telles ont été en physique les théories de l'éther et des fluides.

« Les fluides, écrit M. Comte, ont pris la place
» des entités scolastiques dont la transformation
» a consisté à se matérialiser. Qu'est-ce que la
» chaleur conçue comme existant à part du corps
» chaud, la lumière indépendante du corps lumi-
» neux? Ne sont-ce pas de pures entités aussi
» bien que la pensée envisagée comme un être
» indépendant du corps pensant; ou la digestion
» isolée du corps digérant? La seule différence
» qui les distingue des anciennes entités scolas-
» tiques, c'est qu'on a substitué à des êtres abstraits
» des fluides imaginaires dont la corporéité est
» loin d'être évidente puisqu'on leur ôte toutes les
» qualités susceptibles de caractériser la matière. »

Des hypothèses de ce genre sont, aux yeux d'Aug. Comte, affectées d'un vice essentiel : elles sont explicatives ou du moins s'affirment comme telles ; leur but est de révéler la nature des causes. Or celles-ci, d'après les positivistes, appartiennent à un domaine totalement inaccessible à l'esprit humain. Dès lors, aucune des hypothèses en question ne peut être contrôlée par l'expérience, et l'on sait que ce contrôle, toujours d'après les positi-

vistes, est la condition de toute certitude. Au lieu de perdre leur temps et leurs efforts en des spéculations sur la nature et les propriétés des agents, que les physiciens et les chimistes s'attachent plutôt à développer les procédés d'observation et d'expérimentation, ils hâteront de cette manière l'établissement définitif du règne scientifique, c'est-à-dire de la philosophie positive. Ainsi pense Aug. Comte. Selon lui, les progrès réalisés dans l'art de l'expérimentation sont spécialement aptes à amener ce résultat. Cet art caractérise la physique. Il permet à l'homme de provoquer l'accomplissement d'un même phénomène dans des milieux différents créés artificiellement et dont tous les éléments peuvent être connus avec précision. Notre action sur le monde matériel s'y révèle mieux que partout ailleurs. Or, de même que la faculté de prévoir les phénomènes, la conscience du pouvoir que nous possédons de les diriger est de nature, s'il faut en croire Aug. Comte, à nous affranchir de toute influence théologique. Il écrit en effet à ce sujet : « La prévoyance exacte des phéno-
» mènes fait disparaître toute idée d'une volonté

» directrice. La possibilité de les modifier suivant
» nos convenances conduit au même résultat, en
» présentant cette puissance comme subordonnée
» à la notre. »

La biologie est moins avancée que la physique et la chimie. Son imperfection relative s'explique par la complexité de ses phénomènes. Toutefois l'esprit positif commence à s'affirmer dans cette science. Les phénomènes vitaux sont de plus en plus considérés comme des applications particulières des lois générales qui régissent également les autres phénomènes. La distinction essentielle et radicale entre le règne organique et le règne inorganique s'efface insensiblement dans les esprits et avec elle tend à disparaître l'hypothèse du principe vital créée par la philosophie métaphysique.

Tels sont en résumé les enseignements de Comte en ce qui concerne la thèse positiviste. On le voit, cet exposé justifie pleinement le jugement que nous avons émis tantôt sur ce philosophe. Non seulement il a préconisé le mode de penser positif, mais, conséquent avec son enseignement, il a envisagé sa thèse à un point de vue positif et s'est efforcé de l'appuyer sur les faits. Nous verrons plus loin s'il a réussi.

V.

CONSTITUTION DE LA SOCIOLOGIE SUR DES BASES POSITIVES.

La sociologie est restée jusqu'ici étrangère aux méthodes positives. Dans la pensée de Comte, tous les sociologues antérieurs à lui n'ont été que des faiseurs de systèmes, des théoriciens s'inspirant d'idées théologiques ou métaphysiques.

Créer une sociologie nouvelle, basée non sur des principes absolus, mais sur les données de l'expérience, c'est-à-dire sur l'observation des phénomènes sociaux, telle est la tâche qu'entreprend le chef de l'école positiviste.

Il envisage tour à tour les sociétés au point de vue statique et au point de vue dynamique. Dans le premier cas, il cherche à préciser leurs éléments essentiels et les conditions de leur existence; dans le second cas, il s'occupe des lois qui président à leur évolution. Ces deux points de vue dominent toute sa sociologie.

Un certain nombre de phénomènes se retrouvent dans toute société politique et forment comme l'essence de la vie sociale. Il appartient à la statique sociale de les définir. Ces phénomènes, enseigne Aug. Comte, sont les suivants : 1° un antagonisme entre des intérêts individuels et des intérêts généraux ; 2° l'existence d'éléments révolutionnaires ou progressistes à côté d'éléments conservateurs ; 3° une organisation familiale. A la base de cette organisation, Comte place le principe de l'indissolubilité absolue du mariage ; 4° la division du travail et l'échange des produits qui en est la conséquence ; 5° enfin, la séparation des pouvoirs en pouvoir politique et pouvoir spirituel ; le premier réglant les relations d'ordre civil et public et s'exerçant par voie de contrainte, le second dirigeant spécialement les intelligences et s'exerçant par voie de persuasion. La séparation de ces deux pouvoirs, conférés chacun à des autorités distinctes, fut, aux yeux de Comte, la conséquence la plus importante du christianisme. Ignorée des anciens, qui cumulaient les dignités de chef politique et de pontife, cette séparation s'accomplit au moyen âge. L'autorité spirituelle échut à l'Église, la puissance politique à la féodalité. Dans la société à venir que rêve Aug. Comte, le principe de la séparation des pouvoirs subsistera comme une condition de toute organisation sociale. Mais le règne scientifique s'étant substitué au règne théologique, le régime industriel au régime féodal, le pouvoir spirituel aura passé des mains du clergé aux mains des savants, et le pouvoir politique s'exercera par les capitalistes au lieu de s'exercer par les seigneurs féodaux.

Non content d'observer et d'énumérer les phénomènes que comporte toute existence sociale, Comte veut encore définir les phases successives par lesquelles passe cette existence en se développant.

La loi du progrès social se confond avec celle du progrès intellectuel ou scientifique. De même que les sciences, les sociétés humaines sont d'abord théologiques, puis métaphysiques, enfin positives.

Fidèle à sa méthode d'observation, Aug. Comte essaie la démonstration de cette loi par l'histoire.

L'organisation sociale fut essentiellement théologique au moyen âge : Dieu était la source de toute autorité, la sanction des droits et des devoirs.

La révolution inaugura une ère nouvelle. La conception de l'ordre social devint métaphysique. Le respect de cet ordre s'imposait non plus au nom d'une volonté souveraine et divine, mais au nom de principes créés par la raison humaine et formulés en dogmes absolus. Les idées de souveraineté populaire, d'égalité, de liberté de conscience, liberté d'opinions, etc., se substituèrent aux idées religieuses. La société devenue métaphysique délaissa le culte de la divinité pour celui de la raison.

L'idée religieuse au moyen âge, imprimant à toutes les institutions et à tous les rapports sociaux un caractère sacré, assurait leur stabilité. Mais en les rendant immuables, elle devenait un obstacle au progrès. La révolution marque le réveil de l'esprit progressiste et sa réaction contre l'esprit conservateur jusque-là prépondérant.

Mais le nouvel état social issu de la révolution, pas plus que l'ancien, ne doit être définitif. L'élément conservateur lui fait défaut comme l'élément progressiste manquait à l'ancien régime. Or la réunion de ces deux éléments se pondérant l'un l'autre est une condition essentielle de stabilité sociale. Abandonné à lui-même, l'esprit conservateur devient routinier, l'esprit progressiste engendre le désordre et l'anarchie.

En présence de ce désordre, les États modernes sont contraints, pour se maintenir, de réprimer par la force les conséquences désastreuses des principes, qu'ils consacrent dans leurs constitutions. De là une situation violente et contradictoire qui ne peut être que passagère.

La révolution fit disparaître l'ancien régime, sa mission fut toute négative. En l'accomplissant elle préparait la voie à un régime nouveau et définitif dont la réalisation est encore à venir. — Quelle sera la société future ?

Auguste Comte abandonne ici ses procédés d'observation. Ses enseignements n'ont plus trait au passé, mais à l'avenir. Comme les prophètes d'autrefois annonçaient le règne social du christianisme, Comte prédit le règne social de la science. Il est l'auteur de cette doctrine si répandue de nos jours, bien que tant de fois démentie par l'expérience, et qui attribue à la science pure, c'est-à-dire à la simple connaissance des lois de la nature, une influence directement moralisatrice. L'anarchie intellectuelle est aux yeux de Comte l'unique source de tous les désordres sociaux. Les hommes vivent ennemis parce qu'ils conçoivent les choses différemment. Supprimez les divergences d'opinions et la paix s'établira partout comme par enchantement. Or, c'est à la science qu'il appartient de faire naître l'accord entre les intelligences en les amenant à une connaissance pleine et entière de la vérité et en dissipant les malentendus qui les divisent. Quand la science aura fait pénétrer dans les esprits cette conviction que les phénomènes sociaux ne sont que des applications spéciales des lois générales de l'univers, qu'ils sont tout aussi nécessaires que les phénomènes physiques ou chimiques, chacun remplira sans murmurer le rôle social que lui imposent les circonstances, et l'esprit de révolte s'inclinera devant la force des choses.

Ainsi la science deviendra le fondement de l'ordre social comme la religion le fut au moyen âge.

VI.

DISCUSSION.

Sans vouloir entreprendre la critique détaillée des arguments de Comte ni contrôler leur exactitude au point de vue historique, arrêtons-nous un instant à envisager leur valeur démonstrative.

Une vérité nous semble se dégager des faits affirmés par Comte : à mesure que progressent les sciences, les croyances grossières et superstitieuses des religions primitives tombent en discrédit. Les étranges divinités, inventées par l'imagination populaire et dont l'action essentiellement capricieuse semblait un principe de trouble et de désorganisation au sein de l'univers, s'évanouissent pour faire place à des causes agissant d'après des lois régulières et sages.

On en voudrait conclure que les progrès scientifiques doivent finalement amener la disparition totale des idées théologiques et le triomphe du positivisme.

Mais on cherche vainement le fondement de cette prétendue conclusion. Après avoir établi une distinction très nette entre le fétichisme et le monothéisme et considéré celui-ci comme le terme d'une évolution intellectuelle dont celui-là marquerait le point de départ, Aug. Comte semble, au cours de son étude, oublier cette distinction et confondre toute croyance religieuse avec le fétichisme. En cela, non seulement il est illogique, mais il comprend mal la religion qu'il met sur le même pied que la superstition. Sans doute, elles supposent l'une et l'autre la croyance à quelque chose d'incompréhensible et de surnaturel, mais la croyance superstitieuse est aveugle, arbitraire, le plus souvent inepte, en contradiction manifeste avec les conclusions de l'expérience qui révèle l'existence d'un ordre universel et constant dans le monde ; au contraire, la croyance religieuse, dont le monothéisme est l'expression la plus élevée, loin de répugner à un ordre de cette nature s'en dégage spontanément.

La pensée d'une cause première douée de personnalité se présente à l'esprit comme la seule explication rationnelle de l'harmonie du monde.

A mesure que la religion progresse, elle repousse davantage l'idée d'une intervention absolument arbitraire et capricieuse de la Divinité dans le gouvernement des êtres. Or, cette idée est au fond de toute superstition. Puisque la religion et la superstition se développent en sens inverse l'une de l'autre, c'est commettre une erreur évidente que de les confondre.

Certes, la critique d'un système devient aisée quand on se borne à n'en considérer que les exagérations et les applications abusives. Mais, ce procédé de discussion est-il impartial ? Juge-t-on du langage humain par les bégaiements de l'enfant ? Le cadavre donne-t-il la mesure de la perfection de l'organisme ? Or, le fétichisme est-il autre chose qu'une religion rudimentaire, à moins qu'il ne trahisse plutôt une décadence de l'esprit théologique ? Et que faut-il penser dès lors d'une critique qui adresse à la religion en général des reproches, qu'il eût fallu réserver aux croyances arriérées ou décadentes d'un fétichisme superstitieux ? Je vois dans l'évolution, décrite par Comte, les progrès scientifiques amenant insensiblement la transformation du fétichisme en monothéisme. Mais, il resterait à établir que ces progrès doivent entraîner encore la ruine du monothéisme anéantissant ainsi le règne de la philosophie théologique.

STUART MILL ET LE POSITIVISME.

On vient de voir Aug. Comte s'efforcer de démontrer la thèse positiviste par l'histoire des sciences ; les arguments invoqués par Stuart Mill seront tirés de l'analyse des opérations de l'esprit.

Énumérant les principaux phénomènes intellectuels, nous avons distingué entre la pensée ou le simple concept, le jugement qui exprime une relation entre deux concepts et le raisonnement ou la combinaison de jugements. Voyons quelle est l'opinion de Stuart Mill concernant la nature de ces trois phénomènes.

Le langage sert à désigner les choses auxquelles se rapportent nos idées et nos jugements. En précisant le sens des mots et des propositions, on définit donc les objets de notre connaissance, on définit aussi d'une certaine façon sa nature, car l'opération de la faculté cognitive est, du moins en partie, déterminée par son objet. Si des divergences profondes d'opinions séparent les spiritualistes des sensualistes, c'est parce que les premiers attribuent à l'objet propre de la connaissance intellectuelle certains caractères que les seconds méconnaissent. Confondre l'objet de la connaissance sensible avec celui de la connaissance intellectuelle, c'est identifier l'esprit avec les sens.

Pour connaître l'opinion de Mill sur la nature des idées et des jugements, voyons donc quelle signification il attache aux noms et aux propositions.

La première partie de son traité de logique est consacrée à cette question ; dans la seconde, il étudie le raisonnement. Ne nous écartons point de cet ordre.

L'étude des noms et des propositions a donc pour but de rechercher quelles sont les choses que nous connaissons et dont nous sommes certains ; on y précise la teneur de nos assertions.

L'étude du raisonnement concerne la théorie de la preuve.

On n'y recherche point, comme dans la première étude, à quelles assertions l'esprit accorde son assentiment, mais quels motifs déterminent cet assentiment.

I.

DES NOMS ET DES PROPOSITIONS.

Les noms, dit Stuart Mill, s'emploient pour désigner des sentiments, des substances, des attributs.

Les sentiments sont des émotions, des pensées, des sensations et des volitions.

Les sensations sont les actes de perception qui se rapportent, du moins en apparence, à des objets extérieurs nous impressionnant actuellement. La sensation est une impression extériorisée, c'est-à-dire attribuée, à tort ou à raison, à une chose qui est censée exister en dehors du moi.

La pensée porte sur des objets imaginaires, reproductions ou non de choses prétendûment réelles.

Quant aux volitions, elles consistent dans l'intention d'accomplir un fait. Cette intention, liée au fait qui lui succède, constitue l'action. Stuart Mill s'inspire ici des idées de Hume sur la nature du principe de causalité : une relation de cause à effet n'est qu'une succession de deux choses dont l'une est l'antécédent invariable de l'autre; la notion de force productrice ne se dégage pas plus des données de la conscience que des données de l'expérience externe. Se sentir la cause de ses actes, ce n'est donc point percevoir qu'on les produit, mais seulement qu'un fait mental appelé intention est l'antécédent invariable d'un autre fait physique et extérieur.

Il importe, dit encore Stuart Mill, de ne point confondre le phénomène mental proprement dit, c'est-à-dire l'acte de volition ou de perception, avec le mécanisme organique qui contribue à sa production. Il y a là deux objets d'étude bien distincts : les opérations mentales nous sont connues par l'analyse psychologique ou par l'expérience interne ; au contraire, la description des organes et de leur fonctionnement relève du domaine de l'expérience externe. En établissant cette distinction, Stuart Mill se sépare très nettement d'Aug. Comte. On sait que celui-ci niait la possibilité d'une connaissance réfléchie et rêvait de substituer à la psychologie une science nouvelle, la phrénologie. Stuart Mill revendique contre le chef de l'école positiviste les droits de l'analyse psychologique.

Outre les sensations, les pensées, les volitions, les émotions, en un mot l'ensemble des faits subjectifs ou des impressions éprouvées, les noms servent encore à désigner des choses substantielles et leurs attributs.

Tout le monde, dit Stuart Mill, admettra que les réalités en soi, en supposant qu'elles existent, ne nous sont connues que par les impressions qu'elles nous donnent. Considérées en elles-mêmes elles sont inconnaissables. Le mot substance rapporté à quelque chose d'intelligible ne peut donc, conclut Stuart Mill, signifier qu'un ensemble d'impressions associées entre elles d'après certaines lois et auxquelles se lie le sentiment d'une réalité extérieure qui les produit.

Ce sentiment a-t-il un fondement objectif ? Existe-t-il des choses en soi indépendantes du moi connaissant ? Stuart Mill s'abstient de répondre à cette question ; elle regarde les métaphysiciens et non les logiciens. Mais le silence du philosophe positiviste est celui d'un sceptique ; Stuart Mill nous dira d'ailleurs, un peu plus loin, qu'en bonne philosophie on ne peut tenir pour certaine l'existence des corps.

Quant aux attributs, ils ne peuvent évidemment désigner que des impressions ressenties sous l'action de quelque cause inconnue.

Le sens des noms ainsi précisé, Stuart Mill n'aura point de peine à fixer celui des propositions. Celles-ci expriment des relations de coexistence ou de succession entre des phénomènes.

Soit la proposition : telle fleur est rouge. Le mot fleur désigne l'ensemble des sensations d'odorat, de toucher, de vue, etc., etc., que vous éprouvez actuellement et que vous attribuez à un objet extérieur, inconnu en soi ; le mot rouge désigne spécialement une de ces impressions. En disant : cette fleur est rouge, vous dites que la sensation rouge est éprouvée en même temps que toutes les autres sensations connotées par le mot fleur.

Soit encore la proposition : l'homme est mortel. Le mot homme désigne l'ensemble des impressions que vous éprouvez, en voyant un homme ; le mot mortel désigne l'ensemble des sensations, émotions, pensées, etc., etc., que suggère le spectacle d'un mourant. La proposition : « l'homme est mortel », exprime une association entre ces deux groupes d'impressions.

Il en est de même de toutes les autres propositions.

Nous voilà donc enfermés à tout jamais dans le monde des impressions ou des faits de conscience, c'est-à-dire dans un subjectivisme sans issue.

DU RAISONNEMENT.

Après avoir précisé la signification des mots et des propositions en cherchant à nous montrer que toutes nos assertions se rapportent en définitive à des faits ou à des combinaisons de faits, Stuart Mill aborde l'étude du raisonnement. Cette étude forme la partie la plus importante de son traité de logique. Nous exposerons les idées du philosophe positiviste : 1° sur la nature du raisonnement en général ; 2° sur le raisonnement déductif ; 3° sur le raisonnement inductif.

DU RAISONNEMENT EN GÉNÉRAL.

Le raisonnement, on le sait, est un procédé de l'esprit qui consiste à découvrir une vérité nouvelle au moyen de vérités connues. Une conclusion n'exprimant rien de plus que son principe ne serait donc pas une véritable conclusion. Le passage du connu à l'inconnu est sans contredit la caractéristique du raisonnement. Celui-ci est par essence un mode de démonstration ou de découverte.

Stuart Mill est loin de contester la valeur de cette définition. Bien au contraire, elle servira de base aux critiques qu'il dirigera contre le raisonnement syllogistique.

La définition, que nous venons de formuler, s'applique rigoureusement, dit Stuart Mill, à l'induction. On n'ignore pas que l'induction suppose une vérité générale fondée sur des vérités particulières ou d'ordre empirique. La conclusion d'un raisonnement inductif ajoute donc quelque chose à la connaissance des prémisses, elle dit plus que les prémisses, puisque sa portée est plus générale.

Mais en est-il de même du raisonnement syllogistique? Stuart Mill ne le pense pas. Ce mode de raisonner, nous l'avons dit plus haut, consiste à tirer une proposition particulière d'une proposition générale. D'après la théorie courante, il diffère surtout de l'induction en ce qu'il se fonde sur des principes et non sur des faits. Réduit à sa forme classique, il comprend une majeure, une mineure et une conclusion.

La majeure, dit Stuart Mill, affirme que tel attribut convient à tel genre ou telle espèce, la mineure qu'un ou plusieurs individus appartiennent à ce genre ou à cette espèce, et la conclusion affirme en conséquence de ces individus le prédicat énoncé par la majeure.

Tout raisonnement conçu en ces termes, c'est-à-dire toute déduction doit être considérée comme une application d'un axiome fameux que les logiciens scolastiques appelaient : le *Dictum de omni et nullo* et qui peut s'énoncer comme suit : « est vrai de l'individu ce qui est vrai de son genre et de son espèce ».

Ce principe, dit Stuart Mill, est le fondement de toute la théorie du syllogisme. Lorsque nous raisonnons, conformément aux règles de cette théorie ou par voie de déduction, nous ne faisons pas autre chose qu'affirmer d'un ou de plusieurs individus ce que nous avons commencé par affirmer de leur genre et de leur espèce. Le procédé que nous suivons s'inspire manifestement de l'axiome énoncé tantôt.

Or, prétend Stuart Mill, il est impossible de ne point découvrir dans cet axiome la condamnation d'une opinion, encore accréditée de nos jours auprès d'un certain nombre de logiciens et qui attribue au procédé déductif, défini comme nous venons de le dire, une valeur vraiment scientifique ou démonstrative.

Lorsque l'on prêtait aux genres et aux espèces une existence *per se* indépendante des individus, le *Dictum de omni et nullo* avait une portée réelle. En disant que tous les attributs de la nature humaine, considérée comme une réalité en soi et universelle, appartiennent aussi à chaque homme en particulier, on énonçait un rapport entre des êtres vraiment distincts, tout au moins dans la pensée. Mais aujourd'hui que tous, repoussant les extravagances du réalisme, reconnaissent qu'il n'existe aucune entité universelle, mais seulement des individus, les mots « genres », et « espèces » peuvent-ils désigner autre chose qu'une collection d'individus ?

Dès lors que devient l'axiome en question ?

Une pure tautologie.

Quand vous affirmez un attribut d'un genre ou d'une espèce, vous voulez dire qu'il appartient à tous les individus qui forment une classe ; lorsque vous ajoutez ensuite, sous forme de conclusion, que ce même attribut convient à l'un ou à l'autre de ces individus ou à chacun d'eux, vous tombez dans une redite manifeste.

Mais, selon Stuart Mill, ce procédé est celui de toutes nos déductions et, s'il aboutit à une pure tautologie, elles sont affectées du même vice.

Quand j'avance que tous les hommes sont mortels pour conclure ensuite que Pierre l'est également, il est clair que la connaissance adéquate de la majeure me donne seule le droit d'affirmer cette majeure sans restriction. Mais, par le fait même, je saurai déjà que la mortalité est le partage de Pierre comme des autres. Ainsi la conclusion n'ajoutera rien à la majeure, elle formulera explicitement ce que l'autre comprenait implicitement.

Nous voici donc mis en demeure de choisir entre les deux opinions suivantes. Ou bien le raisonnement n'a qu'une valeur explicative, il n'engendre aucune connaissance mais apparaît, sous ce rapport, frappé d'une irrémédiable stérilité ; quiconque veut en faire un moyen de démonstration se voit infailliblement enfermé dans un cercle vicieux dont il ne peut sortir, affirmant dans la conclusion ce qu'il avait déjà implicitement affirmé dans la majeure et basant en réalité la conclusion sur elle-même. — Ou bien la forme syllogistique n'est pas, comme on le prétend, la forme type du raisonnement.

De ces deux opinions la première est évidemment inadmissible ; nous devons, en conséquence, conclut Stuart Mill, nous arrêter à la seconde.

Quel est donc le procédé suivi dans toute démonstration ? Il consiste, répond le philosophe positiviste, à conclure d'un ou de plusieurs *faits constatés* à l'existence actuelle, passée ou future d'autres *faits non constatés*.

Cette définition se rattache à la théorie des noms et des propositions : les noms désignent des faits, les propositions des combinaisons de faits, les raisonnements, composés de propositions, doivent donc se rapporter à des combinaisons du même genre, bien que d'une plus grande complexité.

Stuart Mill supprime dès lors la distinction communément établie entre la déduction ou la démonstration basée sur un principe, et l'induction qui repose sur les données empiriques. C'est à tort que l'on assigne à chacun de ces procédés un fondement distinct. La conclusion tirée d'un principe est une tautologie et rien de plus. Le véritable raisonnement, celui qui étend la sphère de notre savoir, est essentiellement inductif. L'expérience en est l'unique source.

Stuart Mill conserve cependant les anciennes dénominations « d'induction » et de « déduction » pour désigner deux modes du procédé inductif.

Le premier mode auquel il donne le nom de « déduction » va du général au particulier, non que la conclusion soit tirée d'un principe, mais parce qu'un seul fait ou quelques-uns sont inférés d'une foule d'autres antérieurement constatés.

Le second mode va du particulier au général : il consiste à affirmer d'un nombre indéterminé de cas ce que l'on a observé quelques fois seulement. C'est en cela, dit Stuart Mill, que l'on fait consister l'induction proprement dite, lorsque l'on oppose ce mot à la déduction.

Toutefois cette distinction ne concerne nullement la nature intime des procédés en question.

Le premier est en réalité aussi inductif que le second ; comme celui-ci, il emprunte à l'expérience toute sa force probante. Étudions-les tour à tour avec Stuart Mill ; nous verrons, surtout à propos de la déduction, comment ce philosophe a tâché de prouver le caractère empirique de tout raisonnement.

DE LA DÉDUCTION.

Considérons un instant le syllogisme formulé plus haut :

Tous les hommes sont mortels ;
Or, Pierre est un homme ;
Donc Pierre est mortel.

La troisième proposition, dites-vous, découle de la première. Que signifient ces mots, sinon que la majeure prouve la conclusion ou encore que celle-ci est vraie en vertu de l'autre ?

Mais ne voyez-vous pas que, si tous les hommes n'étaient pas mortels, cet attribut pourrait néanmoins appartenir à Pierre ? Supposé au contraire qu'il ne lui appartienne pas, la proposition : tous les hommes sont mortels deviendrait inexacte. Ainsi la fausseté de la majeure n'infirme pas nécessairement la conclusion, mais la seconde étant erronée, la première doit l'être aussi. Contrairement à l'opinion courante, la conclusion est donc vraie indépendamment de la majeure, tandis que la majeure ne peut être affirmée que si la conclusion a été reconnue exacte.

Quel est donc le vrai fondement de celle-ci ? De quel droit l'affirme-t-on ? — Du même droit que l'on affirme la majeure.

Or, sur quoi repose cette assertion que tous les hommes sont mortels ? Sur votre propre expérience et celle des autres, répond Stuart Mill. Vous avez vu disparaître de ce monde beaucoup de personnes que vous connaissiez, vous savez par des sources moins directes, mais d'une valeur indéniable, qu'une multitude d'existences humaines se sont déjà évanouies et que d'autres s'évanouissent chaque jour. Ces faits incessamment renouvelés ont engendré de plus en plus dans vos esprits la croyance à la mortalité de tous les individus de votre espèce.

Et maintenant, si les données de l'expérience vous ont permis d'affirmer que tous les hommes pris indistinctement sont mortels, comment n'auriez-vous pas le droit, vous appuyant directement sur ces mêmes données et sans avoir recours à l'intermédiaire de quelque proposition générale, de conclure à la mortalité de Pierre ?

Et si vous pouviez savoir que Pierre est mortel sans devoir supposer que tous les hommes le soient, si les preuves d'ordre empirique sur lesquelles repose votre majeure établissent aussi votre conclusion, ne faut-il pas reconnaître que, dans le raisonnement déductif, la force démonstrative résulte en dernière analyse non de la majeure, mais des données empiriques ?

Non seulement, dit Stuart Mill, le procédé qui consiste à inférer un fait d'un autre est légitime, mais encore il est le plus usité.

La démonstration qui s'opère dans la forme syllogistique, c'est-à-dire en recourant à une proposition générale, suppose toujours la réflexion et un état de développement intellectuel assez avancé. Or, combien de fois ne tirons-nous pas spontanément une conclusion d'un fait observé sans nullement songer à rattacher cette conclusion à un principe ? L'enfant et l'animal, certainement incapables de vues métaphysiques, ne procèdent-ils pas à tout instant par des inductions inconscientes mais réelles, basant sur les données de leur expérience journalière une véritable connaissance de l'avenir ?

Mais, si l'on peut raisonner sans propositions générales, celles-ci sont néanmoins d'une haute utilité. Elles servent, selon Stuart Mill, à garantir ou à contrôler la légitimité de nos conclusions.

Supposé que vous ayez vu un grand nombre de fois A suivi de B, vous vous sentirez porté, par je ne sais quelle tendance naturelle de votre esprit, à conclure qu'il en sera de même à l'avenir et que vous êtes en présence d'une loi.

Mais si vous énoncez ensuite, sous une forme universelle et sans aucune restriction, cette proposition : A est toujours suivi de B, il arrivera, peut-être, que le souvenir lointain et presque effacé de certains cas, disséminés parmi les données de vos observations antérieures et dans lesquels B n'a point suivi A, se réveillera en vous.

L'énoncé d'une proposition, sous une forme générale, en attirant votre attention sur des faits, que vous aviez perdus de vue, vous empêchera d'affirmer une conclusion qui n'eût pas été légitimement induite.

Telle est la véritable et unique fonction des propositions universelles. Elles nous portent à interroger avec plus de soin l'expérience et mettent obstacle à des conclusions précipitées. Il n'existe donc point de connaissances dérivées de principes. Les faits sont les seules prémisses de nos raisonnements.

Que deviendront dès lors les sciences déductives ou de raison pure que l'on a coutume de distinguer des sciences expérimentales ?

C'est à tort que l'on attribue à leurs procédés un caractère déductif. Elles supposent un ensemble de raisonnements dérivant les uns des autres; or ceux-ci, selon Stuart Mill, ne sont jamais que des inductions.

Toutefois, l'écrivain positiviste conserve à ces sciences la dénomination de « déductives » et continue à les opposer aux sciences expérimentales.

Mais quel peut être dans sa pensée le sens de

cette distinction ? Toute science se compose d'un certain nombre d'assertions induites. Mais dans les sciences expérimentales, enseigne Mill, nos inductions sont isolées ; nous n'en voyons pas les rapports ; au contraire, dans les sciences déductives, elles sont coordonnées et présentent le caractère d'un tout logique.

Telle est, selon Stuart Mill, toute la distinction entre les sciences expérimentales et les sciences déductives. Les premières sont en voie de formation, les secondes ont atteint leur constitution définitive.

Toute science expérimentale, à mesure qu'elle se perfectionne et que ses éléments prennent corps, devient déductive.

De quelle façon s'opère cette transformation ou encore comment diverses inductions, qui paraissent au premier abord indépendantes les unes des autres, peuvent-elles être ramenées à l'unité ?

Au moyen d'autres inductions intermédiaires, répond Stuart Mill, L'expérience vous a fait voir que A est la caractéristique ou la propriété exclusive de telle espèce de corps B. Étant donné le corps E, vous vous demandez s'il doit être rangé dans la classe B. Mais une observation attentive ne parvient point à vous faire découvrir en lui la propriété des corps B. Cependant vous lui voyez dans tous les cas une autre propriété C et vous en concluez qu'elle le caractérise. Voici donc deux inductions bien différentes et sans aucun lien apparent. La première vous apprend que A est le propre de B, la seconde que C est le propre de E. Supposez maintenant qu'une observation plus attentive de B vous le montre toujours lié à C, vous aurez trouvé le moyen de joindre les deux propositions formulées tantôt. Vous pourrez dire en effet : A est le propre de B, B de C, C de E, donc A de E. Cette nouvelle induction vous aura donc appris ce que vous cherchiez tantôt, à savoir que A, caractéristique des individus qui composent la classe B, appartient à E et que ce dernier fait en conséquence partie de la classe B. Votre conclusion finale se fonde, comme on a pu le voir, sur deux inductions combinées par l'intermédiaire d'une troisième.

Toutes les opérations déductives sont, au dire

de Stuart Mill, réductibles au procédé que nous venons de décrire. Le but de ces opérations est donc de découvrir, dans une chose, une propriété cachée qui permette de la rattacher à une classe.

A cette théorie, négation radicale de toute assertion *a priori*, puisqu'elle confère aux sciences déductives un caractère essentiellement empirique, les idéalistes et les anciens criticistes opposent des objections importantes. Stuart Mill s'y arrête et les étudie spécialement. La précision, avec laquelle il les expose, atteste son impartialité, mais découvre aussi le vice de l'argumentation qu'il développe ensuite pour les réfuter.

L'évidence des premiers principes, fondement des connaissances déduites, ne peut avoir, dit-on, une origine empirique ou sensible. Elle est le fruit d'une opération de raison pure, c'est-à-dire intellectuelle. En effet, pour saisir ces principes il suffit d'y penser sans recourir nullement à l'observation du monde extérieur.

Soit ; répond Stuart Mill, mais n'oubliez pas qu'il existe deux espèces d'expériences : les unes s'opérant au moyen des organes extérieurs de sensibilité, les autres au moyen de l'imagination ; les secondes basées sur les premières dont elles sont en quelque sorte le reflet.

Or, si l'évidence des vérités dites *a priori* ne dérive pas immédiatement de l'expérience externe, elle se fonde tout au moins sur les données de l'expérience interne.

Pour savoir que 2+2=4, que des parallèles ne se rencontrent pas, il ne vous a point fallu, à la vérité, placer deux objets auprès de deux autres, ni considérer deux lignes parallèles tracées sur quelque surface, mais ces opérations ont eu lieu dans votre imagination. Ce que vous n'avez pas obvervé de vos yeux, vous l'avez aperçu avec tout autant de précision par un acte de vision intérieure. Vos facultés imaginatives, capables de reproduire les apparences extérieures, ont créé des figures semblables à la réalité, et c'est en observant ces figures que vous avez porté vos jugements. Ainsi l'expérience interne tient lieu de l'expérience externe et constitue le véritable fondement des assertions *a priori*. Il serait en effet arbitraire de leur assigner une autre origine, puisqu'elles s'expliquent suffisamment comme il vient d'être dit.

On invoque encore, à l'appui d'une distinction essentielle entre l'ordre des vérités expérimentales et celui des vérités de raison pure, le caractère d'universalité et de nécessité que présentent ces dernières.

Les vérités de pure raison, dit-on, sont universelles et absolues ; au contraire, la connaissance empirique ne porte jamais que sur des faits particuliers et passagers. L'expérience n'établit donc pas l'évidence des principes.

Mais, demande Stuart Mill, quand dites-vous qu'une proposition est nécessaire ?

Lorsqu'il vous est impossible d'unir le prédicat et le sujet dans un autre rapport que le rapport formulé. En d'autres termes, une proposition nécessaire est celle dont la contradictoire est inconcevable. L'inconcevabilité et la nécessité sont au fond la même chose.

Et maintenant d'où résulte cette nécessité ? Stuart Mill rejette ici l'opinion de Spencer qui soutient que l'inconcevabilité permet de conclure à l'impossibilité. Pour Mill ces deux termes ne sont nullement synonymes. Notre connaissance est bornée, et c'est pourquoi le concevable ne donne point la mesure du possible. Aux yeux de Stuart Mill, l'inconcevabilité d'une proposition ou, ce qui revient au même, la nécessité de sa contradictoire sont en partie le résultat de l'habitude, de l'éducation et aussi de la force respective des intelligences dont les unes pénètrent dans des sphères inaccessibles aux autres.

Si vous avez toujours vu A suivi de B et que, dès votre enfance, on vous a appris qu'il n'en pouvait être autrement, vous tiendrez pour invraisemblable l'hypothèse du contraire. Mais qu'une découverte scientifique établisse à l'évidence que A peut n'être point suivi de B, et vous admettrez aussitôt ce qui vous paraissait impossible. Les hommes ne purent s'empêcher de penser pendant de longs siècles que le soleil tournait autour de la terre. Cependant les progrès de la science n'ont-ils pas substitué à cette opinion qui semblait évidente une opinion précisément opposée ? Ainsi la nécessité d'une vérité n'est jamais que relative et contingente. Elle dépend, avons-nous dit, de circonstances variables, comme l'habitude et l'éducation.

Non seulement, ajoute Stuart Mill, les principes n'ont pas le caractère absolu qu'on leur prête, mais un grand nombre d'entre eux sont d'une nécessité moins rigoureuse que les vérités expérimentales.

Celles-ci, en effet, s'appliquent exactement à l'ordre réel et peuvent en conséquence être affirmées d'une façon absolue; l'énoncé des autres comporte, au contraire, certaines restrictions.

Tels sont, en général, les jugements dans lesquels on n'envisage un objet qu'au point de vue de certaines qualités, comme s'il ne possédait que celles-là, bien qu'en fait il ne puisse exister sans un grand nombre d'autres qualités; telles sont, en particulier, les vérités mathématiques et géométriques.

Vous ne trouvez point, dit Stuart Mill, dans le monde réel de lignes absolument droites, de triangles absolument égaux, de points sans aucune dimension, de cercles dont les extrémités des rayons se trouvent absolument à la même distance d'un centre commun. Les définitions de ces objets et les principes qui en découlent ne sont donc pas rigoureusement applicables aux choses réelles. Le sont-ils du moins aux choses de l'ordre idéal? Nullement, répond l'écrivain positiviste, car vous chercheriez en vain à vous représenter un point mathématique ou une figure de géométrie entièrement irréprochable. Les principes en question ne peuvent donc s'appliquer à leur objet qu'avec certaines restrictions. C'est donc à tort, conclut Stuart Mill, qu'on leur attribue une rigoureuse exactitude.

DE L'INDUCTION.

a) Nature de l'induction.

Selon Stuart Mill, nous venons de le voir, un procédé de démonstration se fonde toujours sur des faits constatés, jamais sur des principes *a priori*. Toutefois l'écrivain positiviste emploie spécialement le mot « induction » pour désigner ce raisonnement qui va du particulier au général et qui suppose que l'on infère de quelques faits observés une quantité innombrable d'autres faits non observés.

b) Fondement de l'induction.

Lorsque, dit Stuart Mill, nous remontons la chaîne de nos raisonnements inductifs, formulés en syllogismes, nous arrivons finalement à cette proposition :

« Que le cours des événements est uniforme, de manière que ce qui est arrivé plusieurs fois dans des circonstances données, arrivera aussi souvent que ces mêmes circonstances seront réalisées. »

Ce principe est considéré par un grand nombre de penseurs comme le fondement dernier de l'induction.

Mais, demande Stuart Mill, comment sait-on qu'il y a de l'ordre dans la nature sinon pour l'avoir constaté ?

Le principe en question ne peut donc être le vrai fondement de l'induction, puisqu'il est lui-même le résultat de l'expérience, ou mieux encore d'une multitude d'expériences passées. En effet, l'ordre de l'univers est constitué par l'ensemble des lois dont chacune régit un groupe spécial de phénomènes ; les nombreuses inductions qui nous ont fait connaître ces lois ont seules pu nous donner la notion d'un ordre général. On se trompe donc en considérant cette notion comme la base logique de toute induction ; elle est elle-même induite. La proposition : « le cours des événements est uniforme » ou « il existe de l'ordre dans l'univers » n'est que la synthèse de toutes nos inductions antérieures. Ainsi il ne faut point chercher d'autres fondements à l'induction que les données de nos observations. Pourquoi affirmez-vous que A sera toujours suivi de B ? parce que cela a toujours été ainsi. Le passé répond de l'avenir sans qu'il faille invoquer aucun principe métaphysique pour s'en convaincre.

c) L'induction scientifique.

Toute induction, dit Stuart Mill, n'est pas légitime. Il ne suffit pas d'avoir constaté souvent que tel fait s'est toujours produit dans telles circonstances pour avoir le droit de conclure qu'il se produira toujours dans les mêmes circonstances. Le principe de l'uniformité du cours des événements n'est point vrai pour toute espèce d'événements. Il en est qui se succèdent dans un désordre du moins apparent et sans que l'on puisse conclure avec quelque certitude que l'avenir ressemblera au passé. Quand sommes-nous en présence d'une loi de la nature? Quand d'un simple effet du hasard? Comment apprécier le degré de certitude que présente une induction? Ce problème s'impose à quiconque veut donner à ses connaissances expérimentales un caractère scientifique.

Mais le moyen d'y arriver? Si l'expérience seule établit l'évidence de nos inductions, c'est en interrogeant l'expérience avec plus d'attention que nous pourrons déterminer la valeur des conclusions induites. Supposez que vous n'ayez jamais vu que des hommes blancs et que vous ignoriez qu'il en existe d'autres, vous en conclurez instinctivement que tout homme se présentant à vos regards sera blanc. Cependant une telle conclusion ne serait pas légitime, et il suffirait, pour vous faire douter de son exactitude, qu'une personne, digne de foi, vous affirmât avoir visité des régions peuplées de noirs. Au contraire, vous ne croiriez pas qu'il existe une race d'hommes ayant la tête située au-dessous des épaules. Pourquoi cette différence?

La supposition d'hommes dont la tête serait placée au-dessous des épaules vous paraît évidemment absurde, répond Stuart Mill, parce qu'elle est en contradiction avec un fait plus général qui ne se constate pas seulement chez les hommes mais chez tous les êtres organisés, à savoir, que tous les individus d'une même espèce présentent une structure à peu près semblable, tandis que vous leur trouverez très souvent une grande variété de couleurs. La conclusion : tous les hommes ont la tête placée sur les épaules, est certaine, parce qu'elle se peut rattacher à cette autre proposition fondée, elle aussi sur l'expérience : tous les individus d'une espèce sont construits de la même manière.

Au contraire la proposition : tous les hommes ont la même couleur, ne pourrait se motiver par cette autre proposition : tous les individus d'une même espèce ont la même couleur.

C'est donc en rattachant une induction à une autre induction plus générale, que nous établissons la légitimité de la première. Une expérience se justifie par une autre expérience plus étendue.

Ainsi justifiée, elle devient scientifique.

RÉSUMÉ.

On peut résumer comme suit l'opinion de Stuart Mill sur la nature des opérations de l'esprit : L'idée se rapporte à un fait subjectif auquel on ne peut assigner aucun fondement réel, ou mieux encore, elle est une impression reproduite. Elle n'a donc point pour objet l'universel, mais participe du caractère individuel et concret de la sensation.

Le jugement est la conscience de deux ou de plusieurs impressions co-existantes ou successives. Lorsque ces impressions se présentent toujours associées de la même manière, nous attribuons au jugement un caractère de nécessité, mais rien ne prouve que cette nécessité soit absolue.

Quant au raisonnement, il consiste essentiellement à inférer de quelques faits constatés d'autres faits non constatés, et cela sans qu'aucun principe général doive être invoqué pour justifier cette inférence. Le vrai raisonnement est essentiellement inductif, il se base sur les données de l'expérience et non sur des principes. Un raisonnement basé sur une proposition générale n'est qu'un cercle vicieux. D'ailleurs, toute proposition générale est *a posteriori*, car elle n'est qu'une synthèse des données de nos observations antérieures. Il n'existe donc point de principes *a priori* et nécessaires. Le procédé de démonstration ne va jamais du général au particulier, mais du particulier au général. L'expérience nous ayant toujours montré deux faits qui se succèdent dans le même ordre, l'accomplissement du premier engendre en nous, comme chez l'animal une sorte de pressentiment instinctif du second. Nos raisonnements ne font que traduire des pressentiments de ce genre. Ils ne sont point le fait d'une raison éclairée, mais d'un instinct aveugle.

Ainsi la théorie de Stuart Mill apparaît comme la négation de tout élément objectif, universel, *a priori* et absolu dans la connaissance humaine. Le système de Kant est du subjectivisme idéaliste, celui de Mill du subjectivisme sensualiste.

TAINE.

L'ouvrage capital de Taine, au point de vue philosophique, fut son traité « de l'intelligence ». Nous ne pouvons l'analyser en détail, indiquons-en seulement les idées fondamentales.

Deux théories résument les enseignements de ce penseur : le phénoménalisme et le nominalisme ; la première concerne l'objet de la connaissance humaine, la seconde sa nature. Exposons brièvement l'opinion de Taine sur ces deux questions : 1° Que connaissons-nous ? 2° Quels sont les caractères de notre connaissance ?

a) Le phénoménalisme de Taine.

On sait comment les positivistes définissent la sphère du savoir humain : « Nous ne connaissons rien de la nature des choses, ni de leurs causes ; la science n'est qu'une connaissance de phénomènes, d'états de conscience, d'impressions qui se présentent aux regards de l'expérience dans certaines relations fixes de co-existence ou de séquence. » Taine se conforme ici rigoureusement aux principes du positivisme. Il a même fait dans la voie du subjectivisme un pas de plus que Spencer et que Stuart Mill.

A la question de savoir si les phénomènes perçus doivent être considérés comme les manifestations d'une substance réelle, Spencer répond affirmativement, mais il ajoute que la réalité en soi, *substratum* des phénomènes, est essentiellement inconnaissable ; Stuart Mill s'abstient de répondre jugeant que le problème soulevé n'est point de la compétence de l'esprit humain ; Taine n'hésite pas à enseigner qu'il n'existe rien au delà des phénomènes et que le jugement instinctif, par lequel nous objectivons nos sensations, est le fruit d'une illusion psychologique. Son opinion est bien résumée dans cette phrase que nous reproduisons textuellement : « Il n'y a rien de réel dans la » nature sauf des trames d'événements liés entre » eux et à d'autres, il n'y a rien de plus en nous » même ni en autre chose. »

Le moi et le non-moi sont donc deux séries ou deux trames d'événements qui se correspondent, ou mieux encore une seule série envisagée sous deux aspects distincts.

Tel est le phénoménalisme de Taine, voyons comment il décrit les opérations de l'esprit, et ce qu'il entend par la pensée.

b) *Nominalisme de Taine.*

Taine distingue entre la sensation, l'image proprement dite ou la reproduction d'une sensation et la pensée. Celle-ci caractérise la connaissance humaine.

Qu'est-ce que penser à une chose ?

Ce n'est point, selon Taine, s'en former une représentation mais lui substituer un nom.

La substitution d'un nom à un objet constitue l'opération fondamentale de l'esprit humain. De cette opération naissent toutes nos idées et notamment nos idées générales.

Étudions de près le phénomène de la substitution.

Un objet perçu me donne une impression déterminée ; il engendre en moi une tendance à le reproduire sous forme d'image ou de fantasma.

Si j'associe continuellement un nom à cet objet, au bout d'un certain temps cette association aura lieu d'une manière spontanée et fatale. Le nom sera alors devenu un signe, c'est-à-dire qu'en le percevant, je me sentirai porté à me représenter l'objet ; et, pour peu que je cède à cette tendance, l'objet m'apparaîtra intérieurement sous forme de figure, comme s'il m'était présent. Ainsi un nom aura acquis la propriété de faire naître en moi une tendance et, finalement, une image. Le nom se sera substitué à l'objet, il me procurera les mêmes impressions, et me tiendra lieu de sa présence. L'idée d'une chose n'est qu'un nom qui lui est substitué ; penser à une chose c'est la nommer.

Ce procédé de substitution nous permet de ne point recourir sans cesse à l'expérience, puisque le nom remplace l'objet et agit de la même manière sur notre conscience.

Nous pouvons même penser à des choses qui ne peuvent nous être données par l'expérience.

Ainsi, il nous est impossible d'avoir la perception distincte de mille objets. Cependant nous avons une idée très précise du nombre mille.

On arrive à ce résultat par le procédé qui vient d'être décrit.

Représentez-vous en imagination deux boules placées l'une à côté de l'autre ; ajoutez-en une troisième, une quatrième, une cinquième ; le nombre des objets s'accroissant, il vous faudra faire de plus en plus d'efforts pour conserver une vue précise et distincte de chacun de ces objets. Un moment viendra où, votre vision interne se troublant, vous ne percevrez plus qu'un ensemble confus. Supposez maintenant qu'il vous soit impossible de vous représenter distinctement plus de dix objets juxtaposés ; comment faire pour atteindre à la conception d'un nombre plus élevé ?

Commencez par substituer aux dix boules que vous aviez sous les yeux le nom « dix » ; faites abstraction des objets pour ne conserver que le nom. Cette opération est légitime, car le nom est, par hypothèse, le signe des objets ; il les remplace, il en tient lieu et vous pouvez, en le prononçant mentalement avec quelque insistance, faire revivre en vous les images des dix objets qui vous étaient présents.

Au lieu de reproduire successivement chacune de ces images, ce qui exigerait dix opérations distinctes, vous leur substituez un nom qui les désigne et dont vous comprenez la signification. Vous réduisez ainsi dix opérations en une seule.

Cette substitution opérée, vous ajoutez le nom dix à lui-même et vous dites dix plus dix ; le mot dix a toujours la même signification que tantôt. Vous n'ignorez pas que ce mot ajouté à lui-même est substitué à deux groupes d'objets analogues au groupe que vous avez commencé par percevoir. Cela vous suffit et, sans plus faire attention aux objets, vous ne conservez que les deux noms ajoutés l'un à l'autre « dix plus dix ». A ces deux noms, vous substituez un nouveau nom « vingt » par lequel vous exprimez d'une manière abrégée « dix plus dix ». Vous êtes arrivé ainsi à nommer ou à penser une quantité dont il vous eût été impossible d'avoir une perception distincte.

Cette opération pouvant se renouveler sans cesse vous accroîtrez indéfiniment un nombre pensé.

Quelle conclusion devons-nous tirer de ces principes ?

Si l'idée n'est qu'un nom compris, c'est-à-dire employé pour désigner quelque chose, l'idée est une espèce de sensation.

En effet, un nom est un assemblage de sons ou un assemblage de signes tracés sur quelque surface ; dans le premier cas, il se perçoit par les facultés auditives, dans le second par les facultés visuelles ; dans l'un et l'autre cas il est un objet de perception sensible.

Un nom perçu n'est donc qu'une sensation. Un nom perçu et substitué à un objet, c'est-à-dire capable de faire naître en nous des impressions correspondantes à cet objet, est une sensation dont la présence en éveille d'autres. Ainsi le nominalisme de Taine n'est qu'une forme du sensualimes.

Il existe trois espèces de noms : les uns désignent des événements individuels ; d'autres des classes ou des collections de faits ; d'autres enfin des caractères généraux communs à un grand nombre de phénomènes.

Les noms de la troisième catégorie sont des idées générales ou abstraites. Selon Taine, il existe réellement dans la nature des caractères généraux ; parmi ces caractères les uns rattachent entre eux une série d'événements dont la trame forme une existence individuelle, les autres, indépendants du temps et de l'espace, relient les individus entre eux et forment les genres et les espèces.

Taine se met ici en opposition avec les enseignements de Stuart Mill. Sa doctrine, comme celle d'Auguste Comte, n'est qu'une nouvelle forme du réalisme exagéré. L'universel, disaient les réalistes outrés du moyen âge, existe formellement dans les choses, c'est-à-dire dans les réalités substantielles. Taine, exprimant la même thèse dans un langage plus positiviste, dira que l'universel est formellement dans les trames d'événements ou de phénomènes. Stuart Mill ne voyait que du particulier dans les données de l'expérience, Taine y découvre le général *existant réellement comme tel*. Mill distinguait entre la similitude et l'identité, Taine les confond. Pour lui deux choses semblables ont *la même chose* dans la mesure où elles se ressemblent.

Mais, s'il existe des caractères généraux dans la nature, nous ne pouvons, toujours selon Taine, nous les représenter. Toute représentation mentale est concrète et particulière. Essayez de vous figurer l'homme en général, vous ne réussirez qu'à vous former l'image plus ou moins précise de tel ou tel individu.

Néanmoins, nous parvenons à saisir ces caractères généraux et à les fixer dans notre esprit.

Comment cela ?

Non par un procédé de représentation, lequel, venons-nous de voir, est impossible, mais par un procédé que Taine appelle « l'abstraction », et qui n'est qu'une espèce de substitution d'un nom à un objet.

Expliquons-nous.

Lorsque je me trouve en présence de plusieurs choses semblables, elles agissent sur moi, non seulement en tant qu'individuelles ou distinctes les unes des autres, mais encore en tant que semblables ou identiques. Pour m'en assurer, il me suffira d'analyser les impressions qu'elles me procurent : je découvrirai parmi ces impressions diverses qui correspondent aux différences individuelles une impression dominante ou générale correspondante aux caractères généraux. Ainsi, tout en étant incapable de démêler le général des données particulières de l'expérience, j'ai conscience de sa réalité et de son action sur moi.

Si un caractère général ou commun à plusieurs objets fait naître en moi telle impression ou tendance dominante, cette impression se reproduira aussi souvent que je subirai l'action d'un objet possédant le caractère général en question.

Supposé maintenant que j'associe un nom à l'impression que provoque en moi la présence de tel ou tel caractère général dans les événements ; le nom, ayant acquis la propriété de faire naître l'impression, se substituera au caractère général, sa présence équivaudra à celle de tous les faits qui possèdent ou pourraient posséder ce caractère.

Un nom ainsi substitué à une qualité universelle constitue une idée abstraite ou générale. Comme le nom désigne un élément qui se retrouve numériquement le même en plusieurs objets, il pourra s'appliquer indifféremment à l'un ou l'autre de ces objets et en cela consistera son universalité.

En résumé : l'idée est un nom qui possède la propriété de faire naître en nous une tendance ou impression correspondante à un objet ; l'idée générale est un nom qui possède la propriété de faire naître en nous une tendance ou impression correspondante à un élément constituant le fond commun d'une multitude de faits individuels. Si nous nous arrêtons à cette impression, nous éveillons en nous l'image de l'un ou l'autre de ces faits.

On le voit, pour concilier l'universalité des notions abstraites avec leur valeur objective, Taine a recours à la théorie du réalisme exagéré. Selon lui, deux faits sont identiques dans la mesure où ils sont semblables. Si, dans les événements qui se déroulent, tout est particulier et individuel, l'idée générale ne peut être que ce qu'enseigne Taine. L'hypothèse du réalisme exagéré est donc essentielle à son idéologie. Or, qui ne s'aperçoit que cette hypothèse confond arbitrairement deux notions que nous distinguons à tout instant l'une de l'autre : la notion d'identité et celle de similitude. Supposez deux faits sous tous rapports semblables (la supposition n'a certes rien de contradictoire en soi), encore direz-vous qu'ils sont deux. Or, dans la théorie de Taine, ils ne seraient pas deux, mais un, puisque deux êtres semblables s'identifient dans la mesure de leur similitude !

Mais, voici une autre conséquence des doctrines de Taine. Si le nom général désigne un élément qui se trouve une fois et rigoureusement le même en plusieurs faits, telle sera aussi la signification du nom « être ». Mais alors tous les événements auront le même être, c'est-à-dire qu'ils seront un seul événement et, de plus, ils seront *le même* sous tous rapports, car, sous tous rapports, on peut dire qu'ils sont quelque chose et par conséquent leur appliquer le mot être. Comment cet événement un et le même sous tous rapports pourra-t-il être également multiple, question embarrassante qu'il ne faut point vouloir résoudre.

HERBERT SPENCER

Spencer est sans contredit un des représentants les plus illustres du positivisme contemporain. Dans ses *Premiers principes*, il cherche à définir la sphère du savoir humain. La première partie de cet ouvrage est consacrée à la critique des idées fondamentales de la religion et de la science; dans la seconde, il développe sa théorie de l'évolution. Nous ne ferons ici qu'esquisser les principaux traits de son système.

Spencer distingue entre le monde réel ou celui des forces et le monde des phénomènes ou celui des manifestations des forces. Le premier est le domaine de l'inconnaissable, le second celui du connaissable. Les manifestations des forces sont nos états de conscience. Nous ne saisissons que des modifications du moi. Mais chacune de nos impressions est accompagnée du sentiment vague et indéterminé de quelque chose d'extérieur qui agit sur nous. Ce quelque chose, Spencer l'appelle le réel, l'inconditionné, l'absolu, l'être en soi, la force; toutes ces expressions sont synonymes dans son langage. Il oppose le réel aux états de conscience qui constituent les données de l'expérience. Ce que nous appelons l'univers n'est en définitive que la multitude des impressions reçues.

L'esprit humain est naturellement porté à rechercher le comment de l'univers ; dans ce but il s'efforce de saisir la nature de la réalité extérieure agissant sur nous et les lois de son activité. L'existence de la religion et de la science chez tous les peuples et à toutes les époques de l'histoire trahissent le besoin d'explication qui tourmente nos intelligences. La religion assigne à nos impressions une cause personnelle qu'elle appelle Dieu, la science lui assigne une cause impersonnelle soumise aux conditions de l'espace et du temps et qui porte le nom de matière ou de force. Or, ni la religion ni la science n'atteignent leur but. Spencer cherche à le démontrer en analysant les notions fondamentales de l'ordre religieux et scientifique. Les idées de cause dernière, de temps, d'espace, de force, de matière, de moi, de non-moi deviennent incohérentes et contradictoires aussitôt que nous voulons les appliquer à un être en soi. Ces idées ne se rapportent en réalité, ainsi que toutes les autres, qu'à des impressions reçues ou à des états de conscience. Comme elles forment le fond de toutes nos pensées, on peut les rattacher à ce sentiment vague et indéterminé d'une réalité en soi, sentiment qui forme le fond commun de toutes nos impressions.

L'impuissance de la religion à saisir la nature du réel s'explique suffisamment par les lois de la connaissance. Celle-ci implique essentiellement relation de l'objet au sujet; or le réel ou l'absolu ne peut être dans aucune relation. Il apparaît donc comme la négation de toutes les conditions sous lesquelles une chose peut être pensée. Cependant le sentiment continu de sa présence nous force à reconnaître qu'il est quelque chose. Mais sa nature et son mode d'activité nous échappent.

La religion et la science ont donc à la fois tort et raison. Elles ont tort de vouloir définir la nature du réel, elles ont raison de reconnaître son existence. Que la science ne sorte pas du domaine des impressions ou des phénomènes ; que la religion, affirmant la réalité du principe des phénomènes, renonce à le comprendre, et l'on verra s'opérer la réconciliation de ces deux puissances rivales qu'un malentendu a seul pu diviser.

Après avoir, dans la première partie de son livre, distingué le connaissable de l'inconnaissable, Spencer, dans la seconde partie de son ouvrage, développe sa théorie de l'évolution : Toutes les forces de la nature sont une ; cette force, se diversifiant dans ses manifestations, obéit à une grande loi à laquelle peuvent se réduire toutes les lois de l'univers. C'est la loi de l'association et de la dissociation des unités dont se compose chaque existence. Spencer étudie les applications de cette grande loi aux différentes catégories d'êtres, depuis les plus infimes jusqu'aux êtres intelligents. Le développement de l'intelligence humaine s'opère d'après cette loi de l'association. A l'origine nos impressions sont isolées et incohérentes ; petit à petit elles se groupent, s'associent, se répartissent en diverses classes, et notre conscience ordonnée devient intelligence.

Il est certes malaisé de concilier les deux parties du livre de H. Spencer. Si nous ne connaissons absolument rien du monde réel, extérieur à la conscience, de quel droit disons-nous que ce monde se réduit à une force unique et que toutes ses lois ne sont en définitive que des applications d'une loi fondamentale ? N'est-ce point là porter un jugement sur un objet que l'on a commencé par proclamer inconnaissable ? La théorie de l'évolution et de l'unité des forces de l'univers est-elle autre chose qu'une hypothèse sur la nature intime des causes ? Or, une telle hypothèse est directement contraire aux principes du subjectivisme.

CHAPITRE IV

CRITIQUE DES THÉORIES POSITIVISTES.

Nous avons exposé les principes et les arguments du positivisme.

Il nous faut maintenant les juger.

L'étude que nous allons entreprendre est essentiellement critique. En la poursuivant, nous observerons les règles de la méthode éclectique que Spencer lui-même recommande. Le mot éclectisme désigne un choix réalisé par voie d'élimination, c'est-à-dire en écartant tour à tour les éléments étrangers à l'élément que l'on veut obtenir de manière à isoler celui-ci. Un procédé semblable appliqué à l'examen d'une théorie erronée en éliminera les erreurs pour n'en conserver que les vérités ou vice-versa selon le résultat que l'on se propose. Cette méthode s'inspire du principe qu'il existe dans toute erreur un fondement de vérité. Ce principe, selon Herbert Spencer, est la règle d'une critique sérieuse et impartiale. En entreprenant la réfutation d'une doctrine, il est nécessaire de se bien pénétrer de cette pensée qu'elle n'est pas absolument fausse, et le but à poursuivre doit être de séparer la vérité de l'erreur. Cette disposition d'esprit, indiquée par Spencer comme la condition d'un jugement impartial, sera la nôtre. Nous ne commencerons donc point par rejeter en bloc les affirmations des positivistes. Loin de les condamner absolument, nous admettrons *a priori* qu'elles sont vraies dans une certaine mesure.

Le positivisme est la négation de toute connaissance spéculative ou rationnelle. Il ne reconnaît de certitude qu'aux connaissances empiriques et les réduit à la perception de pures apparences dont on ne peut affirmer l'objectivité : ainsi définie, la thèse positiviste implique un ensemble de vérités et d'erreurs que nous tâcherons de démêler.

Les défenseurs de cette thèse enseignent avec raison que l'expérience n'a point pour objet propre et immédiat la nature des choses ou leurs causes, mais seulement leurs phénomènes. Ils considèrent justement les données sensibles comme la source de toute connaissance scientifique. Mais ils exagèrent ces vérités en ajoutant que nous ne connaissons rien au delà des phénomènes et que ceux-ci sont des apparences sans aucun fondement objectif.

La thèse positiviste est donc l'exagération de certaines vérités.

§ I.

VÉRITÉS CONTENUES DANS LES DOCTRINES POSITIVISTES.

Nous admettons avec les positivistes :

1° Que l'expérience porte non pas directement sur l'essence des choses, mais sur leurs phénomènes.

2° Que l'expérience sensible est la source première de toutes nos connaissances.

3° En conséquence, que nous ne connaissons qu'imparfaitement la nature intime des choses et leur mode d'opération.

L'expérience a pour objet propre et immédiat non l'essence des choses, mais leurs phénomènes.

Commençons par définir les termes de cette proposition.

Qu'est-ce qu'une connaissance empirique ?

Qu'est-ce qu'un phénomène ?

Pour répondre à cette question, rappelons-nous ce qui a été dit plus haut.

L'ordre idéal est distinct de l'ordre réel. Le premier comporte l'ensemble des abstractions de l'esprit, considérées soit en elles-mêmes, soit dans leurs relations réciproques.

Ces abstractions, formellement conçues comme telles, ne possèdent point de réalité proprement dite en dehors de l'esprit qui les conçoit. Elles n'existent point, car toute existence est déterminée ou individuelle, et une chose abstraite est, de sa nature, universelle.

L'ordre réel doit s'entendre de tous les êtres existants, peu importe d'ailleurs que ces êtres existent dans un autre ou en eux-mêmes, qu'ils se présentent à nous comme des qualités accidentelles, des événements ou des substances.

La manifestation d'un de ces êtres constitue l'évidence de fait. La connaissance empirique est l'intuition d'un être appartenant à l'ordre réel, elle résulte d'une évidence de fait.

De même que l'ordre réel est distinct de l'ordre idéal, l'évidence de fait de l'évidence de raison, de même aussi la connaissance empirique est distincte de la connaissance spéculative.

Qu'est-ce qu'un phénomène ?

Un phénomène, avons-nous déjà dit, est ce qui existe dans un autre ; une substance au contraire existe en soi et forme une individualité. Telle est la chose colorée opposée à la couleur.

Une connaissance empirique porte sur un être concret directement perçu. Tous les êtres qui appartiennent à l'ordre réel se divisent en deux groupes nettement distincts selon qu'ils se rattachent au moi ou au non-moi. La connaissance empirique du moi constitue l'expérience interne, celle du non-moi l'expérience externe. La première est le fait du sens intime et de la conscience, la seconde celui des sens externes. Or ni l'une ni l'autre, disons-nous, ne vont immédiatement jusqu'à la nature intime des choses. Nous n'avons l'intuition ni de l'essence du moi ni de l'essence du non-moi.

Considérons d'abord les données de l'expérience externe.

Ces données s'identifient avec celles de la sensibilité.

Or les manifestations sur lesquelles portent nos facultés sensibles ne se confondent certainement pas avec l'essence des choses manifestées ; elles ne sont que des phénomènes.

L'expérience externe ne nous révèle donc pas, du moins d'une façon immédiate, la nature intime des êtres.

Et d'abord, les données de l'expérience externe s'identifient avec les données de la sensibilité. En d'autres termes, nous ne saisissons les choses distinctes du moi que par leurs manifestations sensibles. C'est au moyen des sens que nous sommes mis en communication directe avec le monde extérieur. Cette vérité n'est pas d'évidence de raison, mais de fait. Nous ne pouvons que la constater. Toutes les choses qui se présentent à moi commencent par impressionner l'un ou l'autre de mes organes externes et me révèlent ainsi leur réalité. Ces impressions organiques ou sensibles, par lesquelles le monde extérieur se manifeste directement à moi, sont donc comme les données immédiates de l'expérience. Ainsi toute connaissance empirique relative au non-moi est essentiellement sensible.

Les considérations suivantes feront mieux saisir encore l'évidence de cette vérité.

La connaissance empirique a pour objet des êtres existants perçus directement dans leur réalité concrète. Elle diffère surtout en cela de la connaissance spéculative laquelle ne porte pas directement sur des réalités concrètes, mais sur des abstractions.

Or, ce qui existe est nécessairement individuel, c'est-à-dire affecté d'une manière d'être qui n'appartient qu'à lui seul.

Saisir une chose dans sa réalité concrète, c'est donc la percevoir comme distincte de toute autre, c'est en avoir une représentation qui ne convient qu'à elle seule.

Une connaissance empirique suppose en conséquence une représentation individuelle.

Mais, d'autre part, toute représentation d'un individu formellement considéré comme tel est une image sensible, car elle reproduit toujours son objet avec des formes matérielles, tandis que nos représentations universelles font abstraction de ces formes. Si je veux me représenter une chose du monde extérieur comme existante ou déterminée, je me représente nécessairement une chose sensible, avec une certaine forme, une certaine couleur, une certaine étendue, etc., etc. Et ceci n'est pas moins vrai quand j'essaie de me représenter sous un aspect concret un être que je sais cependant ne point appartenir au monde matériel, tel que Dieu ou l'âme humaine. Alors encore mon imagination doit intervenir pour prêter à cet esprit des apparences sensibles sans lesquelles il me serait radicalement impossible de le percevoir comme un être concret et individuel.

Ce sont là des vérités que je constate.

On le voit, les données de l'expérience externe ou l'ensemble des représentations individuelles et concrètes s'identifient avec les données de la sensibilité.

Ainsi le domaine de l'expérience externe est strictement limité à celui des sens.

Or, les donnés de la sensibilité sont purement phénoménales. Le propre du phénomène ou de l'accident, avons-nous dit, est : 1° de se trouver dans un autre ; 2° de ne se confondre avec lui ni totalement, ni partiellement, c'est-à-dire de ne pas intervenir dans sa constitution intime. Les changements et les qualités que perçoivent les sens offrent précisément ce double caractère.

Un changement ne peut être en soi, mais se produit dans un sujet déjà préexistant.

Quant aux caractères sensibles nous les attribuons aux corps, mais sans les confondre avec les corps eux-mêmes. Telle est l'évidence de cette vérité, que l'homme le moins instruit en a conscience, comme l'atteste à tout instant le langage usuel. Nul ne dira par exemple d'une chose qu'elle *est* telle couleur, telle forme, telle odeur, tel son, mais qu'*elle possède* ces qualités ou *produit* ces phénomènes. Nous avons coutume d'opposer la chose elle-même ou son essence à ses qualités et manifestations sensibles.

Nous reconnaissons par là que celles-ci ne sont point constitutives de la première.

Les considérations suivantes donneront plus d'évidence encore à cette vérité.

Tout changement essentiel a pour effet de substituer à un être préexistant, un être nouveau et d'une nature différente.

Or, les caractères sensibles d'une chose (qu'ils soient conçus comme inhérents à la chose ou posés dans le sujet sentant) peuvent se modifier sans que l'identité de la chose disparaisse.

Ces caractères ne font donc point partie de l'essence des êtres auxquels nous les attribuons. Examinons tour à tour la majeure et la mineure de ce raisonnement.

La majeure n'est point susceptible d'une démonstration proprement dite. Elle doit seulement être expliquée.

L'essence d'une chose est l'ensemble des notes dont la réunion constitue l'être de la chose. On peut également dire avec Stuart Mill que l'essence d'une chose est l'ensemble des notes qui interviennent nécessairement dans le concept de la chose. Si je me conçois comme un membre de l'espèce humaine, je dirai que mon essence est ce qui fait de moi un homme, c'est-à-dire la raison jointe à l'animalité. Si je me considère comme tel homme déterminé, je dirai que mon essence est cette manière d'être particulière qu'affecte en moi la nature humaine et par laquelle je suis distinct de tous mes semblables. Deux êtres sont essentiellement différents lorsque l'un possède une note constitutive qui fait défaut à l'autre. Il s'ensuit que si je modifie la constitution d'un être, soit d'une manière positive, par l'addition d'une note, soit d'une manière négative, par la suppression d'une note, l'être changé devient essentiellement différent de ce qu'il était.

La mort qui détruit l'union constitutive de mon être en séparant l'âme du corps, est une modification essentielle. La maladie qui m'affaiblit et m'enlève l'usage de mes facultés est une modification accidentelle, car je reste homme bien que malade. On peut dire que le changement est essentiel, lorsque l'être modifié a cessé de répondre au concept générique ou spécifique qu'on lui appliquait. Ainsi le corps humain, abandonné par l'âme, cesse d'être un corps humain, il ne répond plus au concept d'homme ; il n'est qu'un composé chimique en voie de dissolution. Tout changement essentiel substitue donc une chose à une autre.

Or, avons-nous ajouté, les qualités sensibles d'une chose peuvent être modifiées sans que l'identité ou la nature de la chose en soit altérée. C'est une preuve que ces qualités ne sont pas la chose elle-même. Démontrons cette proposition.

Les qualités sensibles des choses sont la forme, la couleur, l'étendue, la résistance, le poids, le son, le goût, l'odeur, etc. Nous ne parlerons pas des trois dernières qui apparaissent aussitôt comme le produit des choses et s'en distinguent ainsi que l'effet se distingue de la cause. Un objet peut, sans aucun doute, changer de couleur et de forme sans pour cela devenir d'une autre nature. En conséquence ni sa couleur ni sa forme ne le constituent. On doit les considérer comme de simples accidents nettement distincts de l'individu auquel nous les rapportons. La physique moderne a d'ailleurs mis dans toute son évidence le caractère phénoménal des couleurs perçues. Elles sont dues à l'activité combinée d'un agent lumineux et d'un objet éclairé. L'étendue et la résistance ne sont également que des accidents. Les dimensions d'un corps sont variables et leurs variations laissent intactes l'identité et la nature du corps. Un corps augmentera de volume en se dilatant, diminuera en se contractant. Sa contraction aura pour effet de le consolider davantage en accentuant par le fait même sa force de résistance, celle-ci deviendra au contraire moins énergique à la suite d'un phénomène de dilatation et cependant l'identité du corps aura persisté à travers tous ces changements. Tel morceau de fer, soumis à l'action du feu, change de couleur, s'amollit, et devient susceptible de formes et de dimensions très diverses, néanmoins il reste toujours le même morceau de fer. Ni sa nature ni son identité n'ont disparu. Quant à la pesanteur elle n'est, ainsi que la résistance, qu'une manifestation de force. Or, comme l'acte est distinct de l'agent, le poids et la résistance ne peuvent s'identifier avec le corps qui en est le principe.

Cette vérité est encore plus frappante si l'on considère les êtres vivants qui nous entourent et spécialement les animaux supérieurs et l'homme. Voyez les transformations qu'ils subissent au cours de leur développement et de leur décadence. Comparez l'aspect d'un homme arrivé aux limites extrêmes de la vieillesse avec l'aspect que présentait ce même homme en venant au monde. Son teint, les traits de son visage, sa forme, sa taille, en un mot toute sa physionomie, c'est-à-dire tous ses dehors sensibles ont changé. Le plus souvent la transformation est si radicale, qu'il vous est impossible de reconnaître dans le vieillard décrépit d'aujourd'hui, l'enfant et l'adolescent d'autrefois. Toutefois, ici encore, l'individualité s'est conservée malgré le changement radical des qualités sensibles, preuve que celles-ci ne la constituaient pas.

Bien plus, supposons qu'un être vivant passe d'une phase de son existence à une autre sans présenter aucun changement apparent, encore faudrait-il reconnaître que les éléments qui composent sa physionomie ne sont plus les mêmes après un certain temps. La vie, en effet, considérée dans ses manifestations inférieures, implique une émission incessante de molécules remplacées continuellement par d'autres, en sorte qu'au bout d'une période plus ou moins longue, tout l'organisme semble devoir être renouvelé. Or, si la quantité déterminée de matière, dont se compose un organisme, a tout entière été remplacée par une autre quantité de matière, équivalente peut-être et de même aspect, mais cependant distincte en réalité, il faut admettre que l'étendue, la forme, la couleur, et toutes les qualités accidentelles inhérentes à cette quantité primitive ont également disparu ; et si l'individu persiste dans son identité essentielle malgré la modification opérée, il devient une fois de plus évident que cette modification portait seulement sur des accidents.

On le voit, l'expérience externe a pour objet

propre les phénomènes des choses matérielles et non les choses elles-mêmes.

Bien plus, ces phénomènes, elle nous les montre simplement se succédant ou co-existant, mais non s'engendrant les uns les autres. Nous ne prétendons pas que la considération du monde extérieur et sensible ne puisse nous fournir l'idée de cause, ni qu'un rapport constant de succession entre deux êtres n'indique jamais un rapport de causalité; mais la perception de l'univers ne nous montre nulle part, du moins d'une façon directe, une cause engendrant un effet. Lorsque vous observez un phénomène de combustion, vous croyez assister directement à la désorganisation d'un corps sous l'action du feu. Mais si vous analysez de plus près les données immédiates de vos observations, vous n'y trouvez que des successions et des associations de faits. Une fumée s'élève, une lueur éclate, des crépitements se font entendre, une certaine chaleur se répand autour du foyer, l'élément combustible change peu à peu d'aspect, et finalement la lueur, la fumée, les crépitements s'évanouissent pour ne plus laisser voir qu'un monceau de cendres ; en somme, un ensemble de faits simultanés ou successifs et rien de plus. Ainsi en est-il de toutes les données de la sensibilité.

La connaissance empirique du non-moi a donc pour objet propre non l'essence des choses, mais leurs phénomènes. Ces phénomènes nous les voyons coexister ou se succéder, mais nous ne les percevons pas directement dérivant, par voie d'efficience de quelque réalité préexistante.

Que dirons-nous de la connaissance empirique du moi, c'est-à-dire de l'expérience interne ?

L'expérience interne s'entend de la connaissance intuitive ou de la perception du moi. Je ne perçois pas mon être dans sa nature intime, mais seulement dans ses manifestations ou ses phénomènes. Ceux-ci m'apparaissent comme des changements qui dérivent, soit de mon activité propre, soit d'une activité extrinsèque. Mais je ne perçois pas plus leur essence que celle de mon être. Les procédés spéculatifs, appliqués aux données de l'expérience interne, peuvent seuls me faire connaître, bien que très imparfaitement, la nature de mon être et celle de mes opérations. La connaissance empirique du moi comme celle du non-moi ne porte donc pas sur l'essence des choses, mais sur leurs phénomènes.

Mais, sous d'autres rapports, l'expérience interne diffère de l'expérience externe. Celle-ci, avons-nous dit, est entièrement sensible, celle-là est tantôt sensible, tantôt supersensible.

Parmi les phénomènes subjectifs, dont je constate la réalité, les uns ont leur siège dans l'organisme doué de sensibilité, les autres se passent dans l'intelligence ou dans la volonté. Les facultés qui nous attestent l'accomplissement de ces phénomènes seront donc de nature différente selon qu'ils relèvent de l'ordre sensible ou de l'ordre suprasensible. Ainsi le sentiment d'une impression de douleur ou de bien-être physique est le fait d'un sens généralement appelé sens intime. Au contraire, le sentiment de la réalité de mes pensées et de mes volitions est le fait de l'intelligence. J'appelle conscience directe ou spontanée l'intelligence saisissant la réalité d'un phénomène suprasensible du moi au moment précis où ce phénomène s'accomplit. J'appelle conscience réfléchie cette opération intellectuelle qui consiste à prendre en considération les données de l'expérience interne sensible ou suprasensible pour en induire certaines conclusions relatives, par exemple, à l'essence du moi ou de ses opérations.

Entre l'expérience interne et l'expérience externe existe encore une autre différence. Le spectacle du monde extérieur ne nous montre pas directement ou d'une façon intuitive une cause engendrant un effet, mais seulement une succession d'événements. On ne peut dire la même chose de l'expérience interne. Je n'ai pas seulement le sentiment des pensées, des volitions, des impressions qui se produisent en moi, mais je me sens penser, vouloir, sentir, saisissant, en même temps que la réalité de l'acte, celle du principe actif qui s'affirme en agissant.

Nous pouvons donc reconnaître avec les positivistes que nous ne percevons immédiatement ni l'essence du moi ni l'essence du non-moi, mais leurs phénomènes.

Avant d'étudier la seconde vérité impliquée

dans les théories positivistes, examinons une objection qui se présente assez naturellement à l'esprit. L'examen de cette objection semblera, peut-être, par les développements qu'il comporte, nous éloigner de notre sujet, mais il contribuera à rendre plus précises les idées exposées tantôt.

Vous enseignez, dira-t-on, que toutes les qualités sensibles d'une chose peuvent être remplacées par d'autres, sans que la chose elle-même perde sa nature ou son individualité.

Or, vous niez ainsi toute connexion nécessaire entre certains caractères sensibles et la nature de l'être substantiel qui les possède, vous niez ce que l'on a coutume d'appeler les propriétés naturelles des choses ou leurs qualités extérieures qui dérivent de leur essence même. Selon vous, une substance est par elle-même indifférente à toutes ses qualités extérieures et par conséquent à toutes les propriétés qui sont le fondement de ces qualités. Mais alors, comment celles-ci pourront-elles jamais nous révéler la constitution intime de la substance ?

Voici deux substances de nature différente : pourquoi les jugeons-nous de nature différente ?

Parce qu'elles ont des manifestations ou des aspects sensibles différents. Mais s'il n'y a aucune connexion nécessaire entre ces manifestations et la chose manifestée, si la chose est par elle-même indifférente à tous ses accidents, si elle peut les perdre tous et en acquérir d'autres sans changer le moins du monde de nature, nous n'avons plus le droit de descendre des phénomènes jusqu'à la substance et toute induction scientifique devient impossible.

L'exposé de certaines notions préliminaires est indispensable ici.

Nous avons distingué plus haut entre l'essence et les accidents, nous disions que l'on ne perçoit pas directement l'essence des choses, mais seulement des qualités qui leur appartiennent sans les constituer. Le mot essence désignait alors ce qui intervient dans la constitution intime d'un individu. Ce mot comporte un sens plus étendu ; il s'applique aussi bien à la nature d'un accident qu'à celle d'un individu. Car on peut concevoir des accidents de diverse nature comme des individus de diverse nature.

Nous distinguons dans un individu l'essence générique ou l'ensemble des notes qui déterminent son genre, l'essence spécifique ou l'ensemble des notes qui déterminent son espèce, enfin l'essence individuelle ou ce qui constitue son individualité. Ce par quoi j'appartiens au genre animal forme mon essence générique, ce par quoi je suis un homme forme mon essence spécifique, ce par quoi je suis moi ou tel homme déterminé constitue mon essence individuelle.

L'essence générique, l'essence spécifique et l'essence individuelle ne sont pas dans la chose trois entités distinctes dont la réunion constituerait l'être, comme l'étendue du corps est formée par la juxtaposition des diverses parties dimensives. Il ne peut même être question ici d'une distinction analogue à celle qui existe entre les éléments qui interviennent dans la composition chimique d'un corps.

Par sa faculté d'abstraction, l'esprit conçoit bien le genre sans l'espèce et celle-ci sans la détermination individuelle, mais dans l'existence réelle le genre comprend nécessairement l'espèce.

Un animal ne peut exister qu'en étant de telle espèce, et c'est en étant de telle espèce qu'il est de tel genre ; de plus sa nature constituée par la réunion des notes génériques et spécifiques n'est réelle qu'en possédant une manière d'être toute spéciale qui forme précisément l'individualité. Celle-ci n'est donc pas une qualité surajoutée à l'essence spécifique et générique, elle en est une modalité et une modalité sans laquelle l'essence spécifique et générique ne serait pas. Je n'appartiens au règne animal qu'en étant homme, et je ne suis homme qu'en étant moi, c'est-à-dire tel homme déterminé. On le voit, ces notes ne peuvent être physiquement séparées comme elles peuvent l'être métaphysiquement ou par la pensée, car je ne possède l'une qu'en possédant l'autre. Il faut toutefois reconnaître qu'elles sont réellement en moi et ne se confondent pas les unes avec les autres. La sensibilité et l'intelligence sont réellement en moi et l'une n'est pas l'autre. Ce par quoi j'appartiens au règne animal est distinct de ce par quoi je suis un homme. En conséquence, la distinction qui vient d'être exposée, bien que n'étant pas *formellement* dans l'ordre réel, s'y trouve cependant *fondamentalement*.

La réalité me fournit les éléments nécessaires pour créer une distinction métaphysique.

Cette distinction, applicable à un individu, l'est également à chacun de ses accidents.

Considérant la couleur d'un objet, j'y distingue par la pensée ce par quoi elle est une couleur, ce par quoi elle est une couleur rouge, bleue, verte, etc., etc., enfin ce par quoi elle est précisément cet attribut déterminé qui affecte en ce moment mon œil et se trouve d'une manière exclusive dans la chose contemplée.

Une qualité extérieure, conçue *in abstracto*, est envisagée au seul point de vue de son genre et de son espèce ; si je considère cette qualité au point de vue de sa détermination particulière ou de son mode d'actuation, je la conçois *in concreto*.

Ces notions préliminaires définies, répondons à l'objection formulée tantôt.

Un individu est indifférent à chacun de ses accidents considérés *in concreto*, c'est-à-dire au point de vue de leur détermination particulière ou de leur mode d'actuation; il n'est pas indifférent à tous ses accidents conçus *in abstracto*, c'est-à-dire au point de vue de leur essence générique ou spécifique.

Expliquons-nous.

Certes chacune des qualités sensibles, actuellement perçues dans une chose, peut disparaître et faire place à une autre, sans que la chose elle-même change de nature et perde son individualité. J'ai montré que la couleur, la forme, l'étendue, la résistance, etc., etc., ne détruisent pas, en se modifiant, l'identité de l'individu qui les possède. Or, un être, dont un accident se modifie, perd en réalité cet accident pour en acquérir un autre. De même, en effet, que les notes, qui constituent la nature d'une substance concrète, sont affectées d'une manière d'être toute particulière, fondement de l'individualité de la substance, de même aussi chaque accident, nous l'avons dit tantôt, se trouve dans un individu avec une manière d'être spéciale, qui en fait non seulement l'attribut exclusif de tel individu, mais encore l'attribut que cet individu possède à tel moment précis, par exemple la couleur par laquelle un objet affecte votre œil dans tel acte de perception. Or, comme la substance ne peut recevoir aucune détermination nouvelle quant à son essence sans acquérir une essence nouvelle, de même elle ne peut recevoir aucune détermination nouvelle quant à un de ses accidents sans le perdre pour en acquérir un autre. Pour peu que la couleur d'un objet ait changé, elle n'a plus cette modalité spéciale qui en faisait précisément cette couleur déterminée que l'objet possédait à tel moment et, n'étant plus cette couleur déterminée, elle en est devenue une autre. Une modification accidentelle suppose donc la substitution d'un accident nouveau à un accident antérieur, quelle que soit d'ailleurs la similitude du second avec le premier.

On peut donc dire qu'une chose existante est indifférente au mode d'actuation de ses qualités extérieures.

Mais on n'a pas le droit d'en conclure qu'elle doive être indifférente à ses qualités ou propriétés conçues *in abstracto*, c'est-à-dire au point de vue de leur genre et de leur espèce... Tel individu peut être modifié dans chacun de ses accidents, mais il ne possèdera jamais que des accidents de tel genre et de telle espèce. Un corps peut changer de forme, de couleur, de dimensions, mais il aura toujours des qualités sensibles. L'existence d'un corps n'est pas liée à telles dimensions déterminées, son étendue peut se modifier, cependant il est naturel au corps d'être étendu. Il y a donc une relation réelle entre l'essence d'une substance et ses qualités naturelles : la nature de la substance détermine le genre et l'espèce de certains accidents (dits naturels) mais elle ne détermine pas leur mode d'actuation. On peut dire encore : la qualité qui dérive de l'essence de l'être ne disparaîtra que pour faire place à une qualité du même genre ; tandis que la qualité toute accidentelle pourra disparaître purement et simplement.

Concrétisons ces pensées abstraites par un exemple. De la différence radicale des caractères sensibles on a coutume de conclure à une différence de nature entre les êtres qui possèdent ces caractères. Je considère qu'un animal présentant la forme d'un cheval est effectivement un cheval, et j'entends par là lui attribuer une autre nature spécifique qu'à un animal présentant une forme toute différente, comme celle d'un chien. Je reconnais donc un certain rapport naturel entre la constitution intime d'un animal et sa forme extérieure. Remarquez que par la forme on n'entend pas seulement l'aspect purement extérieur de l'animal, mais encore son aspect anatomique. La forme d'un animal résulte de l'ordre dans lequel se sont disposées, en se multipliant, les innombrables cellules dont se compose l'organisme. Or ce travail de multiplication et de disposition des cellules dans un ordre déterminé suppose chez l'être vivant un principe d'activité qui agit d'après certaines lois. En sorte qu'une différence radicale, dans la structure et la disposition des organes et dans l'aspect extérieur, permet de conclure à une différence de nature. La forme, que présente tel cheval, est donc une forme de cheval parce qu'elle appartient à un individu de telle espèce. Mais cette qualité n'est

9.

pas précisément actuée de telle manière parce qu'elle est d'un cheval, ni même de tel cheval. Supposez en effet que l'animal vous apparaisse successivement à diverses périodes de son existence, vous lui trouverez sans aucun doute des formes très différentes, bien que toujours des formes de cheval.

On peut donc admettre l'indifférence de l'individu quant à la modalité de ses accidents sans l'admettre quant à leur essence.

Résumons-nous en exposant l'objection et la réponse sous la forme classique du syllogisme.

Vous prétendez que chacun des accidents, réalisés actuellement dans un individu, peut disparaître sans altérer en aucune façon l'identité substantielle de l'individu.

Or, c'est là reconnaître que l'individu est indifférent à chacun de ses accidents.

Donc vous niez toute connexion naturelle entre la substance et l'accident; dès lors celui-ci ne peut nous révéler la nature de celle-là.

Je concède la majeure.

Je distingue la mineure. Dire qu'un individu

peut perdre tous ses accidents considérés *in concreto*, c'est reconnaître qu'il est indifférent à leur mode d'actuation, je le concède; à leur nature générique et spécifique, je le nie. Étant homme, il m'est naturel de me présenter aux regards sous une forme humaine; toutefois je ne possède pas nécessairement telle forme individuelle sous laquelle vous me voyez en ce moment. La forme humaine actuée en moi est humaine parce que je suis homme, mais son mode d'actuation est variable.

Je nie donc la conclusion.

Nous reconnaissons en second lieu que l'expérience sensible est la source première de toutes nos connaissances.

En affirmant avec les positivistes l'origine expérimentale et sensible de la connaissance humaine, nous nous séparons nettement d'un certain spiritualisme outré. Toutefois, notre opinion ne peut se confondre avec celle des positivistes. Ceux-ci ont singulièrement dénaturé la thèse qui vient d'être formulée. Mais le moment n'est pas venu de réfuter leurs doctrines. Nous ne voulons ici que découvrir les vérités qu'elles contiennent implicitement, sauf toutefois à nous écarter déjà de l'enseignement positiviste dans le développement et l'interprétation de ces vérités.

Quel est donc exactement le sens de la seconde proposition ?

Elle signifie *que les facultés supérieures n'entrent en acte et ne se développent que moyennant un certain concours de la part des facultés inférieures.*

Avant de démontrer la proposition ainsi formulée, expliquons-en les termes.

A. Notions préliminaires.

Que faut-il entendre ici par les facultés supérieures et les facultés inférieures ?

Les facultés supérieures sont l'intelligence et la volonté, les facultés inférieures sont les facultés organiques et notamment les facultés sensibles.

Nous devons donc établir la distinction entre la sensibilité et l'intelligence et indiquer la raison métaphysique qui fonde la supériorité de la seconde sur la première. Nous nous séparons ainsi, dès le principe, de tout système sensualiste.

a) *Distinction entre la connaissance intellectuelle et la connaissance sensible.*

Le propre de l'entendement est de *concevoir* une chose ; le propre de l'imagination, faculté organique qui reproduit les données de l'expérience sensible, est de *se figurer* une chose. La question est donc de savoir si *concevoir* un objet ou *se le figurer* constituent un seul et même fait. Pour résoudre ce problème essentiellement psychologique, interrogeons la conscience et le sens intime.

Tout objet pensé par l'esprit humain revêt une forme abstraite et universelle. C'est précisément par là que nous distinguons la connaissance intellectuelle de la connaissance sensible. Celle-ci ne porte jamais que sur des choses concrètes. Ce que je *vois* de vous est individuel ; ce que j'en *pense* m'apparaît comme universel, c'est-à-dire peut être affirmé de plusieurs sujets. Les qualités par lesquelles vous affectez mes sens ne se trouvent pas *identiquement* les mêmes dans un autre. Ma physionomie peut être absolument semblable à la vôtre, mais ne s'identifiera pas avec elle. Au contraire, lorsque je vous *conçois* comme un être substantiel, corporel, doué de vie végétative, sensible et intellectuelle, je puis également *penser* ces propriétés d'autres hommes. Je ne prétends pas, remarquez-le bien, que ces attributs soient en vous et en moi numériquement identiques. De même que nos physionomies respectives peuvent se ressembler, de même la nature humaine est en vous semblable à ce qu'elle est en moi, mais non pas identique. Mais, tandis que mon œil perçoit la physionomie qui vous est propre, mon intelligence, séparant par la pensée votre nature de sa détermination individuelle, parvient à concevoir le type qui nous est commun.

On cherche vainement à expliquer l'universalité de la représentation intellectuelle en réduisant celle-ci à un nom collectif. L'idée générale, dit-on, n'est en définitive qu'un nom désignant une multitude d'individus qui composent une classe. Telles seraient les idées de genre et d'espèce. Le mot homme ne désignerait pas une abstraction, mais la multitude innombrable des individus qui font partie de l'espèce humaine.

Sans vouloir nous engager ici dans une réfutation approfondie du nominalisme, indiquons rapidement les vices de ce système.

Un nom ne sert évidemment qu'à désigner une chose connue; on ne nomme pas une chose qui n'est en aucune manière présente soit à l'esprit soit aux sens. Un nom qui n'exprime aucune connaissance est un vain son dénué de signification, du moins pour celui qui le prononce. Si le nom homme ou toute autre dénomination générique ou spécifique signifie la multitude innombrable des êtres, *pris individuellement*, qui composent une classe, il faut, qu'en prononçant le mot homme, on se représente tous les êtres humains qui existent, ont existé, existeront, ou demeureront éternellement possibles. Or, c'est là une condition irréalisable. Donc, les noms généraux ne peuvent avoir la signification qu'on leur prête.

Ou bien ils ne sont pas généraux, ou bien ils se rapportent à des abstractions. Un nom collectif est nécessairement restreint aux quelques individus qui nous sont présents si non réellement, du moins mentalement.

En vain objecterait-on qu'un nom général, rapporté à un groupe restreint d'individus, est cependant applicable à une multitude d'autres et que son universalité consiste en cela.

Je demanderais de quel droit on affirme qu'un nom est applicable à une infinité d'individus que l'on ne connaît pas. Si, comme on le soutient, penser et se figurer sont un seul et même fait, le nom que je prononce ne peut se rapporter qu'au nombre très limité de choses que je me figure, car on n'emploie pas un nom pour désigner une chose, sans concevoir celle-ci de quelque manière.

b) *Supériorité de la connaissance intellectuelle sur la connaissance sensible.*

Nul ne contestera sérieusement à l'intelligence une certaine supériorité sur les facultés sensibles. Mais en indiquant la raison métaphysique de cette supériorité, nous montrerons plus nettement encore le caractère de la distinction établie entre l'intelligence et l'imagination.

Une chose est d'autant plus parfaite qu'elle jouit d'une autonomie plus complète dans l'exercice de son activité.

Or, l'intelligence est beaucoup plus indépendante vis-à-vis de la matière que l'imagination. Celle-ci, en effet, ne reproduit jamais que des choses matérielles sous des formes matérielles. Par l'imagination je me représente nécessairement un être corporel ; cet être ne m'apparaît que sous des dehors sensibles, précisément tel qu'il existe et s'offre à mes yeux ; au contraire, par la pensée je me représente ce même être abstrait de toutes les déterminations et de toutes les conditions que comporte son existence matérielle, je puis même par la pensée me représenter des choses naturellement indifférentes à des conditions ou à des déterminations de ce genre et qui me paraissent dès lors pouvoir exister en dehors de ces conditions c'est-à-dire d'une existence immatérielle.

De plus, nous montrerons plus tard que l'intelligence parvient à saisir dans les choses matérielles des aspects inaccessibles aux sens.

La vie intellectuelle est donc plus parfaite que la vie sensible, car elle révèle un principe d'activité plus indépendant de la matière et se suffisant dès lors plus complètement à lui-même. Ces notions préliminaires exposées, abordons l'étude de notre proposition : les facultés supérieures de l'homme n'entrent en acte et ne se développent que moyennant un certain concours de la part des facultés inférieures.

B. Démonstration et développement de la proposition.

Nous touchons ici à la question vivement débattue des rapports de l'intelligence avec la sensibilité. On peut concevoir *a priori* diverses hypothèses sur la nature de ces rapports. Ou bien l'intelligence et la sensibilité n'ont aucun lien entre elles; ou bien l'intelligence trouve dans les facultés inférieures un obstacle à l'exercice de son activité sans retirer d'autre part aucun avantage de son union avec elles; ou bien encore les facultés inférieures sont soumises à une certaine direction des facultés supérieures, mais ne concourent nullement à l'exercice de ces dernières; ou enfin les facultés inférieures servent d'auxiliaires aux facultés supérieures.

Avant d'examiner ces hypothèses formulons les principes qui vont nous servir à les juger.

On ne peut raisonnablement nier l'unité et la constitution harmonieuse de la nature humaine. Il serait absurde de prétendre que l'homme est essentiellement désordonné et monstrueux. La question des rapports de l'intelligence avec la sensibilité doit donc avant tout recevoir une solution qui se puisse concilier avec l'unité et l'harmonie de notre nature.

Mais que supposent cette unité et cette harmonie ?

L'*unité* d'un être complexe exige ou bien la dépendance mutuelle de ses éléments constitutifs, ou bien leur disposition d'après un ordre hiérarchique, les uns étant subordonnés aux autres.

Cette proposition est incontestable.

Supposez un être composé de deux éléments distincts et irréductibles entre eux : A et B. Cet être ne présentera le caractère d'un tout que s'il existe, entre ses deux éléments constitutifs, une certaine dépendance mutuelle ou tout au moins si l'un est subordonné à l'autre. Car si vous rendez A totalement indépendant de B et B de A, conférant à chacun une autonomie absolue, vous n'aurez plus l'unité, mais la pluralité.

L'*harmonie* d'un être complexe suppose entre ses facultés un ordre hiérarchique tel que les moins parfaites soient subordonnées aux plus parfaites. Car accorder à un élément naturellement inférieur à un autre la prédominance sur celui-ci, c'est réaliser une œuvre contre nature et par conséquent monstrueuse. Ce principe ne doit évidemment pas s'entendre d'un être composé d'éléments égaux au point de vue de leurs perfections essentielles. Dans ce cas la simple dépendance mutuelle des parties suffit à la constitution harmonieuse du tout. Mais lorsque l'être complexe comporte des éléments, des facultés, des tendances, dont les unes sont d'une nature évidemment supérieure à celle des autres, tels que dans le corps animé la matière et le principe vital, ou encore dans l'âme humaine les puissances végétatives, sensibles ou intellectuelles, l'harmonie ne peut être réalisée sans une certaine prédominance du plus parfait sur le moins parfait.

Nous verrons plus tard que cette prédominance n'exclut pas toute dépendance des facultés supérieures vis-à-vis des facultés inférieures, mais suppose simplement que celles-ci soient des moyens ou des instruments dont se servent les premières pour entrer en acte et se développer. La critique des hypothèses que nous allons exposer éclaircira notre pensée sur ce point. Qu'il nous suffise de savoir pour le moment que la constitution harmonieuse de la nature humaine exige une certaine subordination des sens aux facultés intellectuelles, c'est-à-dire à la raison.

Abordons maintenant la critique et l'exposé des hypothèses dont nous avons parlé.

I. Les facultés supérieures exercent leur activité sans aucun concours de la part des facultés inférieures, et celles-ci, de leur côté, ne sont soumises à aucune influence directrice de la part des premières.

Cette hypothèse, consacrant l'autonomie absolue des diverses puissances de notre être, détruit évidemment son unité. Elle est d'ailleurs en opposition manifeste avec les données de l'expérience la plus vulgaire. Nous constatons, à chaque instant, que l'exercice des facultés intellectuelles exige certaines conditions d'ordre inférieur. C'est ainsi que la maladie ou une sensation très intense peuvent nous enlever l'usage de la raison.

II. Les facultés de l'ordre végétatif et sensible ne concourent nullement à l'exercice de la raison et de la volonté, mais peuvent parfois entraver cet exercice.

Cette hypothèse ne détruit pas absolument l'unité de notre nature et n'est pas en contradiction avec les faits que nous venons d'invoquer contre la première hypothèse; car, au lieu d'affirmer l'autonomie complète des facultés intellectuelles, elle admet une certaine dépendance de ces facultés vis-à-vis de la sensibilité. Mais comme elle suppose que cette dépendance résume tous les rapports de l'intelligence avec les fonctions végétatives et sensibles, elle altère singulièrement l'harmonie de notre nature. En effet, elle reconnaît qu'un fonctionnement anormal des facultés inférieures peut porter le trouble dans la vie intellectuelle, elle fait donc dépendre celle-ci des premières, mais en même temps elle nie que les facultés inférieures concourent jamais à l'exercice des facultés supérieures, elle nie donc toute subordination de la vie végétative et sensible à la vie intellectuelle. Or, affirmer d'une part une certaine dépendance de la raison vis-à-vis des sens, nier d'autre part toute subordination des sens à la raison, c'est proclamer la prédominance pure et simple du moins parfait sur le plus parfait, c'est méconnaître la constitution harmonieuse de l'être humain.

III. Les facultés inférieures ne concourent point à l'action des facultés supérieures, mais sont seulement soumises à leur direction. L'intelligence et la volonté agissent sans aucun concours de la part des sens, mais possèdent le pouvoir de diriger, dans une certaine mesure, l'activité des facultés inférieures.

Au premier abord cette hypothèse semble respecter l'unité et l'harmonie de notre nature puisqu'elle soumet les facultés inférieures à l'action directrice des facultés supérieures. Mais un examen plus attentif nous en révèle bientôt l'aspect défectueux. Cette direction exercée par les facultés supérieures ne se conçoit pas sans une fin ou un résultat.

Cette fin est-elle propre aux facultés inférieures, celles-ci, en la réalisant, deviennent parfaites. Car tout agent qui atteint sa fin arrive à la plénitude de sa réalité. L'intelligence et la volonté qui, selon l'hypothèse en question, détermineraient par une certaine action directrice les facultés inférieures à atteindre leur fin, contribueraient donc à les perfectionner. Et comme d'autre part, toujours dans la même hypothèse, les facultés inférieures ne prêteraient aucun concours à l'activité des facultés supérieures, l'union de l'intelligence avec la sensibilité aurait pour résultat unique et définitif le perfectionnement de celle-ci. Le plus parfait deviendrait ainsi instrument ou moyen vis-à-vis du moins parfait.

Direz-vous au contraire que la fin, vers laquelle sont dirigées les facultés inférieures, consiste dans le perfectionnement de l'intelligence et de la volonté ; vous reconnaîtrez ainsi que les sens concourent au développement de la vie intellectuelle.

IV. Les sens concourent dans une certaine mesure au développement de l'intelligence.

Telle est la dernière hypothèse possible sur la nature des rapports de l'intelligence avec la sensibilité.

Cette hypothèse respecte l'unité et l'harmonie de notre nature, car elle considère que les facultés sensibles ont pour destination de concourir à l'exercice de la raison, elle en fait donc des moyens ou des instruments vis-à-vis de la raison.

Elle rend parfaitement compte des faits qui prouvent que la vie intellectuelle dépend, dans une certaine mesure, des sens et des fonctions végétatives. Elle contient ainsi la réponse à tous les arguments d'ordre empirique que l'école sensualiste a coutume d'opposer aux théories spiritualistes. En effet, si l'intelligence a besoin pour penser d'un certain concours de la part des facultés inférieures, on comprend fort bien qu'un fonctionnement anormal de ces facultés porte le trouble dans la vie intellectuelle ; mais il n'en résulte nullement que la pensée doive se confondre avec la sensation.

Nous admettons donc que dans le composé humain les sens sont subordonnés à la raison, sans nier cependant que la raison soit, sous certains rapports, dépendante des sens. Or on ne peut voir là aucune contradiction. Bien au contraire, la seconde partie de cette proposition résulte très logiquement de la première. En affirmant la subordination des sens à la raison, nous entendons parler d'une relation d'un moyen à une fin ou d'un instrument à celui qui en fait usage. Mais un agent peut fort bien dépendre d'autres agents qui lui sont subordonnés comme des moyens ou des instruments. Car, par le fait même qu'il a besoin du concours de ces agents, il dépend d'eux. Nous avons besoin pour vivre d'une multitude de choses, notre existence en dépend donc dans une certaine mesure, néanmoins ces choses nous sont subordonnées. Bien plus, elles nous sont subordonnées parce que nous en dépendons. Car c'est parce que nous en avons besoin que nous en dépendons, et c'est aussi pour cela qu'elles nous servent. De même l'intelligence dépend des sens dans la mesure où leur concours lui est nécessaire et, dans cette même mesure, les sens sont subordonnés à l'intelligence.

En résumé, l'unité et l'harmonie de la nature humaine supposent que les facultés inférieures soient soumises aux facultés supérieures. Or dans les deux premières hypothèses formulées tantôt cette subordination est niée, dans la troisième elle n'est qu'apparente, seule la dernière hypothèse, d'après laquelle l'intelligence a besoin pour entrer en acte et se développer d'un certain concours de la part des facultés sensibles et celles-ci ont pour destination naturelle de procurer ce concours à la première, respecte la constitution harmonieuse de la nature humaine et rend compte des faits.

Deux questions se posent ici : 1° Jusqu'à quel point le concours des sens est-il nécessaire à l'exercice et au développement de la vie intellectuelle ? 2° Comment s'opère ce concours ?

Examinons tour à tour chacune de ces questions.

1° Pour quels actes l'esprit a-t-il besoin du concours des sens ?

On peut répondre : *a)* que nous avons besoin des sens pour penser à nos concepts ou du moins à quelques-uns d'entre eux, mais non pour les acquérir. Selon cette opinion, nos concepts ne dériveraient pas de l'expérience sensible, l'esprit les possèderait dès l'origine ou les aurait acquis par l'intuition de sa propre essence ou de l'essence divine. Mais ces concepts étant ainsi imprimés dans notre intelligence, nous ne pourrions en faire l'objet d'un acte de penser qu'après les avoir vus réalisés dans le monde matériel. La présence d'une chose sensible rendrait donc notre connaissance actuelle, de potentielle qu'elle était, nous faisant saisir une idée que nous possédions déjà sans en avoir conscience. Ainsi la vue d'un objet réveille parfois en nous une image provenant d'une perception antérieure.

On peut encore répondre : *b)* que les connaissances intellectuelles qui se rapportent spécialement aux choses matérielles dérivent des données de l'expérience sensible, tandis que les autres connaissances intellectuelles, celles qui ont trait aux entités métaphysiques, proviennent de l'intuition de l'essence divine ou sont innées à l'esprit humain.

Enfin *c)* que l'expérience sensible est la source de toute connaissance intellectuelle, qu'elle soit relative au monde des corps ou au monde des esprits.

De ces trois réponses, laquelle choisirons-nous ?

1° La première constitue une hypothèse arbitraire, superflue et en opposition avec les données de l'analyse psychologique.

Vous enseignez que l'intelligence est en possession de ses idées dès l'origine ou les acquiert par une sorte de contemplation inconsciente de l'essence divine. Or c'est là une assertion dénuée de preuves.

Vous admettez que je puis retrouver dans les choses concrètes du monde matériel l'objet réalisé de mes concepts. Pourquoi dès lors ne pourrais-je l'y avoir trouvé? N'est-il pas plus simple de dire qu'en voyant certaines qualités ou attributs réalisés dans les choses sensibles, je les ai dégagés, par la pensée, des individus qui les possédaient, de façon à les concevoir sous une forme abstraite et universelle? L'expérience sensible, vous l'admettez, est la condition moyennant laquelle les idées deviennent des formes intelligibles pour l'esprit. Mais pourquoi ne point reconnaître tout d'un coup à l'esprit la faculté d'abstraire ses idées des données de la sensation? Votre hypothèse est superflue, car la théorie de l'abstraction constitue une explication beaucoup plus simple.

Enfin on peut invoquer spécialement contre la théorie des idées innées certains résultats de l'analyse psychologique.

Les partisans de cette théorie prétendent que l'intelligence connaît, dès l'origine, d'une façon habituelle, tout ce qu'elle peut connaître, mais ils ajoutent qu'elle ne connaît une chose d'une façon actuelle qu'après l'avoir vue réalisée dans le monde sensible. La connaissance actuelle est celle d'une chose à laquelle on pense ou que l'on perçoit sensiblement. La connaissance habituelle est celle d'une chose à laquelle on ne pense pas ou que l'on ne perçoit pas. Quand j'attribue la science à un homme, je ne prétends pas qu'il pense continuellement à tout ce qu'il connaît. Sa science est nécessairement, du moins en grande partie, à l'état de connaissance habituelle. Celle-ci suppose toujours chez la faculté cognitive une aptitude toute spéciale à reproduire ou du moins à réveiller en nous, pour la contempler ensuite, la représentation d'une chose. Le propre de cette aptitude est de ne point exiger pour s'exercer la présence actuelle de la chose. Ayant perçu un objet, je puis, longtemps après sa disparition, reproduire son image ou du moins réveiller cette image imprimée en moi. Ce pouvoir que j'ai acquis constitue la connaissance habituelle.

Les partisans de la théorie des idées innées enseignent que ce pouvoir spécial, que nous venons de définir, au lieu de nous être acquis par une connaissance actuelle, nous est conféré par Dieu dès l'origine. Cette doctrine ne paraît pas inconcevable. Dieu aurait pu créer l'esprit humain avec la science infuse, comme il l'a créé avec l'aptitude générale de connaître tout ce qui est intelligible. En réalité, il ne l'a pas fait. Les données de l'analyse psychologique le montrent avec assez d'évidence. Nous distinguons parfaitement l'acte par lequel nous pensons à une chose qui nous était totalement inconnue jusque-là, de celui par lequel nous pensons à une chose dont nous avions déjà une connaissance habituelle et, si nous remontons à l'origine de cette connaissance habituelle, nous constatons toujours qu'elle a commencé par être actuelle. Pour que nous puissions reproduire en nous l'image ou l'idée d'une chose réelle, actuellement absente, il faut qu'elle nous ait été présente une première fois.

Enfin, les partisans de la théorie des idées innées méconnaissent le vrai caractère de la connaissance habituelle quand ils exigent, pour que les idées deviennent conscientes, la présence des choses matérielles qui les réalisent. L'esprit humain, par le fait qu'il est une faculté cognitive, naît avec l'aptitude générale de se représenter tout ce qui est intelligible; mais la présence actuelle d'un objet doit le déterminer à l'acte. Au contraire, l'aptitude spéciale, qui constitue la connaissance habituelle, n'est point soumise dans son exercice à cette condition. Elle consiste dans le pouvoir de créer la représentation d'une chose actuellement absente. Et c'est précisément en cela qu'elle diffère de l'aptitude générale qui, elle, est, sans aucun doute, innée à l'esprit humain. Si la connaissance habituelle ne devient actuelle que sous l'influence de son objet physiquement présent, elle perd son caractère spécifique pour se confondre avec l'aptitude générale de connaître, essentielle à toute faculté cognitive.

2° La seconde réponse constitue comme la première une hypothèse dénuée de fondement, contredite par les données de l'analyse psychologique et qui, de plus, détruit l'unité de l'intelligence humaine en créant en elle une véritable dualité de nature.

Pour quel motif soutient-on que parmi nos connaissances intellectuelles les unes dérivent des données de l'expérience sensible, les autres de l'intuition du suprasensible? Tous nos concepts ne présentent-ils pas les mêmes caractères essentiels d'indétermination et d'universalité ? Ne sont-ils pas tous abstraits et généraux ? Sans doute on découvre certaines différences entre les idées : elles sont intuitives ou déduites, simples ou complexes, propres ou analogiques, positives ou négatives. Mais aucun de ces caractères n'indique une origine spéciale. Les idées déduites sont tirées par voie de raisonnement des idées intuitives, elles ne proviennent donc pas d'une source différente. Une idée complexe se compose d'idées simples. Une idée analogique est une idée propre rapportée à un objet qui n'est pas le sien, mais lui ressemble. Telle est l'idée de l'être divin. Nous ne pouvons concevoir cet être tel qu'il est en lui-même. La représentation que nous en avons est seulement analogique. Elle porte sur des attributs que nous trouvons aux êtres contingents et ne s'applique à Dieu qu'à raison de son analogie avec les créatures. Nos idées sur Dieu se rapportent donc en propre aux êtres finis et d'une manière analogique seulement à l'être absolu. Elles sont donc propres ou analogiques selon l'objet auquel nous les appliquons. Enfin l'idée négative n'est jamais qu'une idée positive dont on nie certaines notes. Telle est encore l'idée de Dieu. Quand je pense à Dieu, je me représente un être possédant un ensemble de perfections que possèdent les êtres créés et je nie que ces perfections comportent en Dieu, comme dans les créatures, certaines limites. On le voit, malgré leurs caractères distinctifs, nos idées sont réductibles les unes aux autres. Il n'y a donc pas lieu de leur attribuer des origines différentes.

L'hypothèse qui fait dériver les unes de la sensibilité, les autres de l'intuition du suprasensible est donc arbitraire.

Cette hypothèse est en contradiction manifeste avec les données de l'analyse psychologique. Interrogeons ces données, nous verrons que toutes nos idées positives sont applicables à des choses sensibles et qu'une idée est toujours négative et analogique dans la mesure précise où elle n'est applicable qu'à des êtres suprasensibles.

Or si nous avions l'intuition de ces êtres, il n'en serait point ainsi, car une idée intuitive n'est jamais négative ni analogique.

Enfin l'hypothèse en question détruit l'unité de l'intelligence humaine. Toute faculté se spécifie par son acte. Deux modes d'activité, dont l'un est d'un genre évidemment inférieur à l'autre, supposent ou bien deux agents distincts ou bien deux facultés distinctes dans le même agent. Or, il est certes plus parfait pour l'esprit de pouvoir penser sans aucun concours de la part des facultés inférieures que d'avoir besoin de ce concours. Acquérir une idée par l'intuition d'une substance spirituelle révèle évidemment un mode d'activité supérieur à celui qui consiste à abstraire l'intelligible du sensible. Prétendre que certaines connaissances intellectuelles dérivent des données de l'expérience sensible, certaines autres de l'intuition de l'essence divine, c'est donc créer dans l'intelligence humaine deux facultés distinctes, c'est attribuer à l'homme deux raisons, l'une totalement indépendante des sens et dont l'objet serait l'intelligible pur, l'autre ne saisissant l'intelligible que dans le sensible, l'une entièrement autonome, l'autre subordonnée dans son exercice à des conditions d'un ordre inférieur. Or une supposition de ce genre ne se justifierait que si nos idées pouvaient se répartir en deux groupes essentiellement distincts. Mais nous avons montré qu'il n'en est point ainsi.

Nous arrivons donc à la conclusion suivante : *tous nos concepts dérivent originairement des données sensibles*.

3° Cette proposition constitue la troisième réponse formulée tantôt. Il importe d'en préciser la portée. Nous ne prétendons pas que toutes nos connaissances intellectuelles dérivent *directement* de l'expérience sensible. Les unes en dérivent *directement*, les autres *indirectement*.

Distinguons les connaissances *à priori*, des connaissances *à posteriori* ; les sciences de raisonnement pur que nous avons appelées spéculatives, des sciences expérimentales. La connaissance des lois et des propriétés de l'univers matériel est induite de l'observation des êtres qui le composent et des phénomènes qui s'y accomplissent. Cette observation ne s'opère qu'au moyen des organes de sensibilité. Par ces organes nous sommes mis en contact avec le monde extérieur et nous acquérons la conscience de sa réalité. Sans eux nous ne soupçonnerions même pas l'existence d'êtres contingents en dehors de nous, moins encore les propriétés et les lois de ces êtres. Comment saurions-nous que la chaleur dilate les corps, que tout corps tombe lorsqu'il est placé dans le vide, que le mouvement se communique d'un corps à un autre, que l'oxygène et l'hydrogène combinés constituent l'eau, que tels et tels éléments chimiques interviennent dans la constitution de nos tissus, que nos organes sont disposés et agissent de telle manière, si ces faits n'avaient été constatés? Or ces constatations eussent-elles été possibles sans l'intervention de nos sens externes? Ainsi, toute loi physique, chimique ou physiologique est une conclusion induite de l'expérience sensible.

Il n'en est pas de même des vérités spéculatives ou de raison pure. Elles expriment des rapports nécessaires entre les concepts. Or, pour saisir ces rapports, nous ne devons pas nécessairement consulter l'ordre des faits ; il nous suffit de réfléchir à nos concepts, de les analyser et de les comparer entre eux. De plus, ces concepts une fois perçus dans leurs relations mutuelles, nous pouvons en les combinant former de nouveaux concepts. Une connaissance ainsi acquise n'est pas le fruit de l'expérience, mais de la spéculation pure, et c'est pourquoi nous l'avons appelée *à priori* ou spéculative.

Toutefois, elle dérive indirectement des données empiriques.

Comment cela ?

Toutes nos premières idées, telles que les idées d'être, de cause, d'effet, de substance, d'accident, de changement, de succession, de temps, d'espace, de nombre, d'action, de passion, etc., etc., nous sont acquises par la considération de l'univers matériel. Or, les vérités fondamentales de l'ordre spéculatif expriment précisément les relations nécessaires entre ces premiers concepts. L'expérience est donc la source de toute connaissance *à priori*.

En résumé : toutes nos connaissances expérimentales dérivent directement de la considération du monde matériel et sensible. Cette considération nous fournit également les idées fondamentales de l'ordre spéculatif.

Quant aux rapports qui unissent ces idées, nous pouvons, il est vrai, les saisir sans consulter les faits, mais par un simple travail de réflexion. Toutefois, il est incontestable que l'expérience sensible et l'imagination concourent généralement aux opérations spéculatives en nous fournissant des exemples concrets qui donnent à la pensée une forme plus saisissable. Mais il faut se garder d'exagérer cette coopération des sens à nos raisonnements métaphysiques. L'imagination doit être ici guidée par la raison; elle tend sans cesse à la distraire de son travail; une intervention énergique de la volonté est généralement nécessaire pour arrêter le cours désordonné des images et nous permettre de poursuivre la série de nos déductions. Les images qui correspondent à nos idées sont loin de représenter toujours des réalisations concrètes de ces idées, bien souvent elles représentent seulement les signes écrits par lesquels nous avons coutume d'exprimer nos pensées. Quand vous énoncez rapidement cette proposition : « l'homme est mortel », votre imagination ne vous a pas représenté un homme déterminé agonisant, mais, tout au plus, une juxtaposition de signes tracés sur un morceau de papier et composant une phrase. Cependant votre raison a aussitôt saisi le sens de la proposition énoncée, c'est-à-dire qu'elle a perçu un rapport entre deux concepts. Il y a évidemment là deux facultés distinctes, souvent en conflit, et dont l'une ne concourt à l'action de l'autre que moyennant une certaine direction qui lui est imposée et nécessite un effort dont nous avons conscience. Tels me paraissent être les rapports des sens avec la raison, considérée dans l'exercice de son activité spéculative.

Quiconque étudie ces rapports demeure convaincu que l'activité intellectuelle est distincte de l'activité sensible, puisqu'elle apparaît fréquemment en conflit avec elle, mais aussi que la raison peut trouver dans les facultés sensibles des auxiliaires puissants, à la condition toutefois qu'elle les domine et les dirige.

Nous venons de démontrer que tous nos

concepts dérivent originairement de l'expérience sensible.

Mais par quel processus ?

Nous abordons ici l'examen de la seconde question énoncée plus haut : Comment s'opère le concours des sens à l'exercice de la vie intellectuelle ?

Il ne peut être question d'une transformation de la sensation en idée.

L'idée ne se peut, sous aucun rapport, confondre avec l'image matérielle ; elle n'est point, comme le soutiennent les positivistes, une image perfectionnée. L'idée est universelle, elle fait abstraction du particulier ; l'image, au contraire, est d'autant plus parfaite qu'elle se rapporte avec plus de précision et, par conséquent, d'une façon plus exlusive, à un objet individuel.

L'intelligence ne possède à l'origine aucune idée. Ainsi que nous l'avons dit plus haut, nos facultés sensibles s'éveillent avant notre raison. Nous commençons donc par percevoir le monde extérieur au moyen des organes de sensibilité ; puis, peu à peu, nos sensations, inaperçues d'abord, nous sont attestées par le sens intime. Quand la raison s'éveille, elle commence par abstraire de l'objet individuel que lui présentent les sens un ou plusieurs attributs; ces attributs, isolés de toute détermination individuelle, constituent une représentation idéale. Cette représentation, engendrée ou imprimée dans l'esprit, détermine celui-ci à son acte qui est la pensée. Il faut donc distinguer ici deux opérations : l'abstraction ou l'acte par lequel une représentation intellectuelle est engendrée dans la faculté cognitive, et la connaissance intellectuelle elle-même ou l'acte propre de la faculté cognitive. Ces deux fonctions, distinguées l'une de l'autre par les scolastiques, étaient attribuées, la première, à l'intellect agent, la seconde, à l'intellect possible.

L'intelligence ne pouvant être déterminée à son acte que par un agent intellectuel, on fut tout naturellement amené à supposer l'intervention d'un agent de cette nature qui, dans le langage de l'École, prit le nom d'intellect agent.

N'oublions pas toutefois que nous sommes en présence d'une hypothèse et non d'une théorie rigoureusement scientifique. La question qui nous occupe ici est intimement liée au problème du composé humain. Or le *comment* de ce composé est au-dessus de notre compréhension.

Une seule chose est certaine, à savoir que nous n'avons acquis nos premiers concepts, éléments de nos pensées et de nos jugements, qu'après en avoir perçu la réalisation d'une manière sensible, en sorte que toutes nos idées propres et positives peuvent se rapporter en dernière analyse aux données de l'expérience sensible.

Nous ne pouvons avoir sur la nature intime des choses, sur leur mode d'opération, et sur l'essence du moi que des connaissances limitées.

Cette vérité découle logiquement des deux premières. J'envisagerai seulement la thèse positiviste en ce qui concerne la connaissance du monde extérieur et du moi. Je me propose de traiter de la connaissance de l'absolu dans une étude ultérieure se rapportant spécialement aux enseignements de Herbert Spencer.

Toutes nos idées sont abstraites des données de l'expérience sensible, et celle-ci, avons-nous vu, a pour objet les phénomènes des choses et non leur essence. L'intelligence ne saisit donc la nature des choses corporelles qu'à travers le voile des manifestations sensibles; de là l'imperfection de toute science humaine.

Pour nous convaincre de cette imperfection, il nous suffira d'analyser les notions les plus générales que nous possédons sur les choses matérielles. Nous les divisons en corps inorganiques et en corps vivants; parmi ces derniers nous distinguons les plantes des animaux.

Commençons par définir la notion du corps; abstraction faite de toute détermination générique ou spécifique.

Qu'est-ce qu'un corps ?

On répond généralement: un corps est une chose étendue et résistante. Or ces deux qualités sont évidemment perceptibles aux sens et, loin de constituer la nature intime des corps, elles en découlent.

Je perçois l'étendue par le toucher et par la

vue. La perception de l'étendue par le toucher est une impression de résistance répartie d'une manière continue dans les diverses parties de l'organe appliqué à l'objet perçu. De même une impression de résistance ne se conçoit pas sans une certaine impression d'étendue. L'étendue et la résistance sont donc des qualités essentiellement sensibles.

De plus, elles n'interviennent point dans la constitution des corps. Un corps n'est point formé par son étendue et par sa résistance. Un corps n'est point une étendue et une résistance, mais une substance qui possède une certaine étendue et une certaine résistance. Si ces qualités étaient constitutives de l'essence même du corps, tout changement d'étendue et de résistance entraînerait un changement d'essence. Or un corps ne devient pas d'une autre nature parce que ses dimensions ou sa force de résistance se modifient.

Il suffit d'ailleurs d'analyser les notions d'étendue et de résistance pour se convaincre qu'elles se rapportent à des qualités qui découlent de l'essence des corps et ne constituent pas cette essence.

Qu'est-ce que l'étendue ?

Elle suppose un composé dont les parties nous apparaissent les unes hors des autres, c'est-à-dire occupant chacune un lieu différent et présentant l'aspect d'un ensemble continu.

L'étendue considérée subjectivement peut donc se définir l'impression de quelque chose de continu; considérée objectivement elle est la disposition ou l'ordonnance propre aux parties d'un tout matériel. Cette ordonnance suppose que les parties, situées nécessairement les unes en dehors des autres, soient perçues cependant sans aucune solution de continuité, c'est-à-dire sans qu'un vide apparent ne les sépare.

Or, l'impression de continuité que j'éprouve en plaçant la main sur un corps ne s'identifie certes pas avec ce corps, et il est non moins évident que l'arrangement ou la disposition des parties ne se peut confondre avec ces parties elles-mêmes ni, par conséquent, avec le tout considéré comme une réalité en soi.

La thèse que nous exposons ici est de sens commun, ainsi que l'atteste assez le langage usuel.

Nul ne dira d'un corps qu'il est son étendue et sa résistance. Mais on distinguera ces propriétés du corps *lui-même*, reconnaissant qu'elles découlent de son essence, mais ne se confondent pas avec elle.

Certains penseurs se sont élevés, il est vrai, à des conceptions métaphysiques des corps et ont tenté de les définir en eux-mêmes. Mais toutes les définitions formulées sur ce point trahissent l'imperfection de nos connaissances sur la nature intime des choses. Examinons les hypothèses les plus célèbres relatives à l'essence des corps. Nous n'avons nullement l'intention de les discuter, nous montrerons seulement qu'elles n'engendrent que des notions imparfaites et négatives.

L'hypothèse atomistique conçoit les choses corporelles comme un composé d'atomes, juxtaposés ou se maintenant les uns vis-à-vis des autres dans des relations fixes de distance par le moyen d'actions et de réactions mutuelles.

Cette théorie, comme le remarque très justement Herbert Spencer, recule simplement le problème soulevé. On définit le corps un composé d'atomes. Pour connaître la nature intime du corps, il faut connaître la nature intime des éléments qui le constituent. Que sont donc les atomes dont se compose le corps ? Des corpuscules, répond-on, c'est-à-dire des corps, mais imperceptibles. Il est presque superflu de faire observer que cette réponse n'en est pas une, car le problème à résoudre est précisément celui de savoir en quoi consiste le corps en général, peu importe d'ailleurs qu'il soit perceptible ou non. On définit le corps en général un composé de corps. Mais dans cette définition intervient le terme même à définir.

L'hypothèse atomistique ne résout donc nullement le problème de la nature intime des corps.

Les partisans de cette hypothèse répondent à ces critiques, qu'en définissant l'atome quelque chose d'étendu, ils l'ont défini tout entier, que l'atome s'identifie avec son étendue, qu'il n'est rien de plus et que l'étendue est en conséquence le principe ou l'essence même de la matière.

Mais nous avons montré plus haut que définir le corps quelque chose doué d'étendue c'est le définir non en lui-même, mais par une propriété qui découle de sa nature.

Si l'atome n'était qu'une certaine étendue, il faudrait concevoir celle-ci comme une réalité en soi. Or comment concevoir comme telle une certaine ordonnance ou un arrangement de parties ? Comment concevoir un arrangement sans des éléments disposés les uns vis-à-vis des autres dans un ordre déterminé ? Qui dit étendue dit ordonnance, qui dit ordonnance dit ordonnance de quelque chose ou éléments ordonnés. L'étendue ne peut donc subsister seule, comme une réalité en soi. La notion d'étendue est celle d'un ensemble de relations ; en disant qu'une chose n'est qu'étendue, on affirme les relations et l'on nie leurs termes, ce qui est absolument contradictoire.

Les atomistes n'échappent donc aux critiques qu'on leur adresse, que pour se heurter à des inconcevabilités et à des contradictions, et il reste vrai de dire qu'ils sont incapables de définir la nature intime du corps en général.

Voyons si d'autres théories seront plus heureuses sous ce rapport.

Le dynamisme soutient que la matière est constituée par des relations de forces subsistantes en elles-mêmes, occupant chacune un point distinct de l'espace, agissant et réagissant les unes sur les autres.

Cette hypothèse, pas plus que la première, ne satisfait pleinement l'intelligence, car la question se pose aussitôt de savoir ce que peuvent être des forces considérées comme des réalités en soi. Or cette question demeure insoluble. On peut affirmer de ces forces qu'elles sont le principe de l'étendue et de la cohésion des corps, mais c'est là, encore une fois, définir l'essence de la matière par une propriété sensible et extérieure et non par ses éléments constitutifs.

Il existe une théorie intermédiaire entre l'atomisme et le dynamisme. Elle enseigne que la matière se compose de réalités en soi qui ne sont ni des corpuscules ni des forces, mais des substances inétendues ou simples, siège de certaines forces. Encore une fois, en quoi consistent ces centres de forces ? On peut seulement les définir d'une façon toute négative en disant qu'ils ne sont point, comme les atomes de la première hypothèse, des substances étendues, ni, comme dans l'hypothèse dynamique, des forces subsistantes en elles-mêmes, mais des principes de forces. Quant à déterminer d'une façon positive la nature même de ces principes ou centres de forces, c'est là une difficulté contre laquelle échouent tous les efforts de la spéculation. Si on prétend voir dans ces centres de forces des points mathématiques, on les définit seulement par la négation des dimensions.

Reste à examiner l'hypothèse scolastique. Un corps, disent les scolastiques, est composé de matière et de forme. Que signifient ces mots ?

Pour comprendre cette définition il importe de considérer les faits dont elle s'inspire.

Nous constatons, d'une part, que tout corps possède des propriétés spéciales qui permettent de le rattacher à un genre et à une espèce ; d'autre part, nous voyons des corps perdre toutes leurs propriétés pour en acquérir de nouvelles, qui n'ont rien de commun avec les premières, et se transformer ainsi en corps d'une tout autre nature. C'est ainsi que nous introduisons dans nos tissus des éléments inorganiques que nous transformons en notre propre substance, ainsi encore que nous émettons à l'état de substances inorganiques des éléments qui intervenaient dans la constitution intime de nos tissus. En conséquence, ont conclu les scolastiques, la matière, que comporte une substance corporelle, est par elle-même indifférente à être de telle ou de telle nature, et si elle est un corps spécial, la raison de sa détermination n'est point en elle-même, mais dans quelque réalité supérieure qui lui est unie et peut disparaître pour faire place à un autre principe déterminant. Cette réalité, les scolastiques l'appelaient la forme. Distinguant la matière de la forme, ils définissaient la première par son indifférence à être de telle ou de telle nature, et considéraient la seconde comme le fondement de toutes les déterminations de la matière, c'est-à-dire ce par quoi la matière possède telle quantité, telle étendue, telle figure, telle propriété, telle nature, ce par quoi elle est de l'or ou du cuivre, substance inorganique ou vivante, etc., etc.

Or, cette définition, pour être plus profonde

que celle à laquelle s'arrêtent les physiciens modernes, n'est pas cependant de nature à satisfaire complètement l'esprit.

Conformément à l'hypothèse même des scolastiques, la matière, étant indéterminée, échappe nécessairement à toute définition proprement dite et à toute conception positive. D'autre part, définir la forme, le principe de la détermination spécifique du corps, c'est la définir par ses effets et non en elle-même. Si l'on se demande ensuite comment s'opère l'union de la matière et de la forme, comment une forme cède la place à une autre, etc., etc., on se trouve en présence de problèmes féconds en controverses métaphysiques.

Considérons maintenant les choses matérielles non plus seulement au point de vue de leur corporéité ou de leur essence générique, mais au point de vue de leur essence spécifique, comme étant des corps de telle ou telle nature. Nous ne pouvons les définir que par l'énumération de qualités sensibles qui ne les constituent pas.

Les choses matérielles sont organiques ou inorganiques. Le corps vivant diffère du corps brut par l'organisation et la vie. Il est organisé, se nourrit et se reproduit et de plus, s'il est un animal, il se meut et éprouve des sensations. Tels sont les caractères par lesquels on a coutume de le définir. Or, ces caractères sont purement extérieurs et sensibles.

L'organisation suppose un tout composé de parties nettement distinctes, chacune d'elles possédant une structure propre qui la rend apte à coopérer par une fonction spéciale à la conservation et au développement de l'ensemble.

Il est évident que l'étude de l'organisation relève directement de l'expérience sensible et il est non moins certain que le seul arrangement et la seule forme des parties ne peuvent se confondre avec celles-ci ni, en conséquence, avec l'être intime du tout.

Quant à la nutrition, la reproduction, la locomotion, la sensibilité, elles ne sont que des phénomènes ou des actes distincts des agents dont ils procèdent et, comme l'organisation, elles font l'objet d'études expérimentales.

On le voit, nous ne connaissons les choses matérielles que par l'intermédiaire de leurs propriétés, à travers le voile des apparences, et nos connaissances ainsi acquises sont bien imparfaites.

Si nous passons de la nature des choses à celle de leurs opérations, de nouvelles difficultés surgissent. Comment les corps agissent-ils les uns sur les autres ? Voici une boule qui en heurte une autre et la met en mouvement. Que vous montre l'expérience : une succession de faits ? La raison enseigne que les uns dérivent des autres ; mais par quel processus ? Ce phénomène si fréquent, si simple en apparence, se présente à l'esprit comme un problème insoluble, aussitôt qu'on en veut rendre compte. Les physiciens vous diront qu'il y a communication de mouvement de la boule A à la boule B. Réfléchissez un moment à cette formule, je crains que vous ne la trouviez bien creuse. Qu'est-ce que le mouvement de la boule A sinon la boule A en mouvement ? le mouvement est-il réellement séparable de l'être qui est mu ? Évidemment non. Quand vous parlez de communication du mouvement de A à B, vous tenez en réalité un langage figuré. Voulez-vous dire que la force en vertu de laquelle A se meut passe réellement en B ? Mais encore une fois que peut être ce transfert de force ? Qu'est-ce que la force par laquelle A se meut si non A lui-même en tant qu'agissant ou pouvant agir d'une certaine façon ? Or direz-vous que la boule A devient dans une certaine mesure la boule B, en lui imprimant un mouvement ? D'autres diront qu'il y a dans la boule B une propriété spéciale de se mouvoir, mais que cette propriété doit être mise en acte par une cause extérieure qui sera la boule A.

L'explication est rationnelle, cependant il est à peine nécessaire de faire remarquer qu'elle ne touche pas le fond intime du problème. En quoi consiste cette faculté ou propriété qui est en B à l'état latent ? Comment est-elle déterminée à l'acte? Comment, une fois mise en acte, est-elle principe du mouvement qui prend naissance ?

La nature intime du moi et de ses opérations est non moins mystérieuse. Si, comme le voudraient les matérialistes, le moi n'est qu'un agrégat d'atomes, on se demande vainement comment ces atomes agissent et réagissent les uns sur les autres, ce qui les a déterminé à se grouper, ce qui maintient l'intégrité et l'unité de l'être malgré le renouvellement incessant des molécules, ce qu'il peut y avoir de commun entre ces actions et réactions réciproques des atomes et les multiples manifestations de notre vie sensible, intellectuelle et morale.

Si vous considérez l'unité de votre être, sa permanence à travers toutes les transformations de l'organisme, le caractère de son activité et spécialement de son activité supérieure, vous êtes naturellement amené à voir en vous un principe d'une nature spéciale, rigoureusement un et indivisible, et qui, animant la matière, la rend d'une certaine façon participante de son être. Mais ici de nouveaux problèmes surgissent concernant le comment du composé humain, et encore une fois la solution finale vous échappe.

Ainsi, de quelque côté que se tourne la raison, qu'elle porte son attention sur le monde extérieur ou qu'elle se replie sur le moi, elle devine l'au delà et se reconnaît limitée.

Telle est la grande vérité que la philosophie

rationaliste semblait avoir perdue de vue et que le positivisme a reconnue.

Est-ce à dire que la sphère de la science certaine ne s'étende pas au delà du monde des apparences ou des phénomènes sensibles et que nous ne puissions faire sur l'existence et la constitution des choses que des hypothèses *à priori* dénuées de tout fondement scientifique ?

Cette question fera l'objet d'un examen ultérieur.

II.

ERREURS CONTENUES DANS LA THÈSE POSITIVISTE.

Nous venons de formuler et de développer les vérités implicitement comprises dans la thèse positiviste. Avec ses partisans nous avons reconnu : 1° que l'expérience a pour objet propre, non l'essence des choses, mais leurs phénomènes ; 2° que toutes nos connaissances ont une origine expérimentale ; 3° en conséquence, que nous ne possédons sur la nature des substances aucune connaissance intuitive.

Le positivisme a singulièrement exagéré la portée de ces vérités.

On a vu qu'après avoir réduit toute connaissance à l'objet formel de la sensibilité, il est arrivé à cette conclusion que les substances sont absolument inconnaissables et que leur réalité même demeure incertaine. Nous pensons, au contraire : 1° que les facultés sensibles, bien qu'elles aient pour objet propre les phénomènes, saisissent néanmoins d'une façon indirecte la réalité des choses s'affirmant sous leurs manifestations extérieures (on ne peut donc voir dans les phénomènes des apparences pures ou des états subjectifs, mais il faut les rapporter à des substances réelles); 2° que, tout en possédant son fondement dans l'expérience sensible, la connaissance humaine s'étend cependant bien au delà des données de cette expérience.

Développons tour à tour ces deux propositions.

La sensation externe ne consiste pas dans la simple conscience de phénomènes purement subjectifs, elle suppose la manifestation d'une chose réelle, existant en dehors de nous et dont nous subissons l'action.

Entre les positivistes et nous, le problème de la valeur objective des sensations se pose comme suit : au delà des apparences sensibles existe-t-il quelque chose, substratum ou cause des phénomènes perçus ?

La réalité de ce quelque chose nous est-elle donnée dans l'acte de perception sensible ?

Est-ce le moi seulement ou encore le non-moi qui s'affirme dans la sensation ? Trouvons-nous en elle le fondement d'une certitude qu'il existe des choses extérieures ?

Pour Taine, il n'y a aucune réalité substantielle ni subjective ni objective, mais seulement des événements ou des trames d'événements ; Spencer admet au delà des phénomènes une réalité, mais absolument inconnaissable ; Stuart Mill prend l'attitude d'un sceptique : « en bonne philosophie, écrit-il, on ne peut affirmer l'existence des corps ».

Avant d'aborder l'étude de cette question, il me paraît utile de définir la part de connaissable et d'inconnaissable qu'elle contient. Rappelons-nous que l'esprit humain est borné et que la nature intime des phénomènes échappe à nos perceptions.

On perd de vue cette vérité, lorsqu'on nie un fait, ne pouvant l'expliquer, ou que l'on identifie, à l'exemple de Taine, des phénomènes consécutifs sous prétexte que l'on n'aperçoit pas le motif et le comment de leur association.

Le problème que nous allons examiner est relatif à un fait d'une complexité extrême dont certains aspects seulement sont renseignés par la conscience ou par l'expérience externe et dont le comment nous échappe. Tandis que la physiologie m'apprend l'action de l'objet extérieur sur mon système nerveux, la conscience m'atteste et ma passivité et mon activité, elle m'atteste qu'étant impressionné je perçois. C'est cet acte de perception, considéré abstraction faite du complexus de phénomènes dans lequel il est impliqué, que j'appelle la connaissance proprement dite. Or, si je me demande *comment* sont associés les divers éléments compris dans le fait total, *comment* l'excitation périphérique est transportée par les nerfs jusqu'au cerveau, *comment* elle détermine l'acte d'appréhension ou de connaissance, *comment* celui-ci me met en présence d'une chose, *en quoi consiste* précisément cette présence, *comment* une chose en dehors de moi est, sous un certain rapport, saisie par un acte qui reste tout entier en moi ; je dois reconnaître mon impuissance à comprendre.

Est-ce un motif pour nier le fait total ou l'un ou l'autre élément que l'analyse y découvre ?

Cette négation serait évidemment injustifiable. Autre chose est constater les divers éléments qui se succèdent ou co-existent, autre chose en rendre compte. Je pense que toute tentative d'explication en cette matière doit se heurter finalement à des insolubilités, mais nul ne me contestera le droit d'interroger la conscience ou l'expérience externe et il serait arbitraire de récuser leur témoignage portant sur des faits immédiatement perçus.

Or je suis certain qu'il y a un objet extérieur. Cette conviction m'est donnée immédiatement par l'acte de perception ; bien plus, ma raison la justifie en me disant qu'étant passif, je dois subir l'action d'un autre ; de son côté, la physiologie, dans tout ce qu'elle enseigne sur la connaissance, part toujours de cette idée qu'il y a un objet extérieur à l'organisme et d'où provient l'excitation nerveuse.

En présence de ces faits, que dire de l'obstination du subjectivisme à nier l'évidence ?

Nous pourrions nous contenter d'opposer ces affirmations aux négations des positivistes. Toutefois cette réponse semblerait peut-être trop sommaire.

Nous invoquerons contre les positivistes certains faits de conscience qu'ils ne peuvent contester sans nier toute évidence empirique, et nous montrerons que, dans leur hypothèse, ces faits demeurent non seulement inexpliqués, mais encore totalement inexplicables. Cette argumentation doit avoir d'autant plus de force qu'elle est dirigée contre des penseurs, qui, loin de rejeter le témoignage du sens intime et de la conscience, en exagèrent, au contraire, l'importance au point de réduire toute connaissance à la perception d'un état interne.

Il est un fait incontestable, à savoir que je distingue très nettement entre certaines sensations de froid, de chaud, de malaise, de douleur de bien-être, la conscience d'un certain effort musculaire ou la perception d'une représentation interne, fruit d'un travail d'imagination, d'une part, et, d'autre part, des sensations telles qu'un acte de toucher ou de vision. Dans le premier cas, je crois percevoir quelque chose qui se passe entièrement en moi, une simple modification de mon être ; dans le second cas, au contraire, je suis persuadé de saisir quelque chose d'extérieur dont je subis l'action.

S'il est vrai que la couleur, la forme, la résistance, etc., etc., sont des phénomènes, il est faux qu'ils nous apparaissent sans aucun fondement réel, ou encore comme des états purement subjectifs. Quand je regarde un objet, j'ai la conviction de percevoir non pas une couleur, une étendue, une forme, une résistance, mais quelque chose de coloré, d'étendu, de résistant, etc. Sans doute, je ne distingue point par l'acte de vision la chose elle-même de sa couleur, je ne perçois pas au moyen des sens la substance comme telle pas plus que l'accident comme tel, je perçois non une simple couleur, non une substance colorée s'affirmant directement comme distincte de sa couleur, mais quelque chose de coloré, un tout concret impliquant à la fois la substance, sa forme et sa couleur, et dans lequel la raison pourra distinguer ensuite ces divers éléments les uns des autres. Dans la sensation de couleur est donc donnée la réalité d'une chose colorée. Et telle semble être l'évidence de cette réalité qu'il m'est impossible d'en douter.

Remarquez que je me borne à constater cette conviction comme un fait psychologique que je découvre en moi. Je ne me préoccupe pas pour le moment de savoir si elle est fondée ou non.

Ce fait psychologique, je le trouve également chez les autres ainsi que l'attestent suffisamment leur langage et leurs actes.

Demandez à un homme dont la raison n'a pas été aveuglée par des spéculations sophistiques, ce qu'il voit lorsqu'il promène ses regards autour de lui. N'écoutant que le bon sens, c'est-à-dire le témoignage de la conscience, il vous répondra spontanément qu'il aperçoit des objets de telle couleur, telle forme, telles dimensions, telle situation précise dans l'espace. Il ne lui viendra jamais à l'esprit de penser que ces couleurs, ces formes, ces dimensions pourraient bien n'être que des modifications de lui-même.

Ce phénomène de l'objectivation des sensations est donc un fait universel, attesté en chacun de nous par le sens intime et la conscience, et que les positivistes ne peuvent raisonnablement nier. Plusieurs le reconnaissent expressément, entre autres Taine, le plus subjectiviste de tous.

Or, cette répartition de nos sensations en deux classes bien distinctes : les unes entièrement localisées en nous, les autres extériorisées ; cette conviction dans un grand nombre de cas de saisir quelque chose situé au delà de l'organe affecté, les positivistes ne l'expliquent point et ne peuvent l'expliquer dans leur système.

Taine croit avoir tout dit en nommant les sensations extériorisées des hallucinations vraies; en réalité, il n'a dit que des mots.

Si, dans une sensation visuelle ou tactile, l'impression éprouvée n'implique d'aucune façon la manifestation de la chose elle-même, si cette manifestation nous apparaît sous un aspect purement subjectif comme une apparence sans fondement réel, si, en un mot, nous ne saisissons nullement quelque chose d'extérieur qui nous affecte, mais seulement un changement survenu en nous, on se demande ce qui pourrait nous déterminer à voir dans nos impressions la manifestation de quelque chose d'extérieur ou encore à les objectiver. Car, remarquez qu'il s'agit ici d'un jugement spontané et instinctif ; sans doute la raison peut ramener ce jugement au principe de causalité et conférer ainsi à la conviction instinctive un caractère rationnel, mais il reste vrai de dire que cette conviction s'est dégagée tout d'abord des données de la sensation. C'est elle qui, antérieurement à toute intervention de l'intelligence, nous fait accomplir certains actes précipités qui ont pour but d'écarter ou de prévenir l'action nuisible d'un agent extérieur. Ces actes accomplis par l'animal montrent que lui aussi extériorise ses sensations. Or, s'il fallait faire appel au principe de causalité, comme d'aucuns le prétendent, pour saisir la réalité du monde extérieur, l'animal deviendrait capable de raisonner. On a vite fait de dire avec Taine que nous sommes victimes d'une illusion psychologique. Ce langage est celui d'un penseur qui cherche, non pas à baser ses assertions sur des faits, mais à plier les faits aux exigences d'une théorie.

Non seulement l'objectivation spontanée et instinctive des sensations n'est point expliquée par les positivistes, mais elle est inexplicable dans leur théorie.

Toute certitude, disent les positivistes, est expérimentale, elle se base sur des faits constatés, elle ne peut porter sur autre chose que sur les données de l'expérience. Si, comme l'enseignent les positivistes, ces données ne contiennent que du phénoménal et du subjectif, comment pourrions-nous avoir la conviction qu'il existe des choses en dehors de nous et que ces choses font l'objet de nos sensations ?

En résumé, nous extériorisons spontanément certaines sensations, donc leur objet ne nous apparaît pas comme un simple état subjectif. De quel droit les positivistes viennent-ils donc prétendre que toute connaissance se réduit à la conscience de semblables états ? Leur hypothèse, nous venons de le voir, est en contradiction avec le sens commun, c'est-à-dire avec une conviction qui s'impose à tous d'une manière irrésistible et que trahissent à tout instant les actes et les paroles de ceux-là même qui cherchent à l'ébranler.

Mais, dira-t-on, l'acte de vision ou de toucher est-il autre chose que le fait de recevoir une impression visuelle ou tactile ?

La sensation, répondrons-nous, peut être envisagée à un point de vue subjectif ou objectif. Elle implique une certaine modification du sujet sentant, c'est le point de vue subjectif. Mais elle implique aussi la manifestation d'une chose extérieure ; c'est le point de vue objectif. Or, la sensation m'apparaît avant tout sous son aspect objectif, elle me donne en effet l'intime conviction qu'il y a quelque chose situé au delà de l'organe affecté.

Bien qu'elle dérive originairement des données de l'expérience sensible, la connaissance humaine s'étend bien au delà de ces données.

En développant cette proposition, nous traiterons : 1° des connaissances d'ordre idéal ; 2° des connaissances d'ordre réel.

On sait que l'ordre idéal est celui des abstractions ou des concepts considérés au point de vue de leurs notes constitutives ou de leurs relations réciproques, mais indépendamment de leurs réalisations. L'ordre réel, au contraire, est celui des existences.

I.

DES CONNAISSANCES D'ORDRE IDÉAL.

On sait déjà, par l'étude des vérités idéales, en quoi consiste la connaissance des principes. Je me propose ici spécialement de répondre aux objections des criticistes et des positivistes.

Parmi ces philosophes qui contestent la valeur des connaissances de raison les uns, comme Stuart Mill, nient le caractère *a priori* des principes ; les autres, comme Kant, l'exagèrent au point d'enlever à ces principes toute valeur objective.

Nous devons donc établir : 1° qu'il existe des propositions dont l'évidence ne peut être empirique; 2° que ces propositions ne sont point arbitraires, mais formulent les rapports des entités abstraites conçues par l'esprit; 3° qu'elles énoncent de plus les lois des êtres concrets.

L'existence des principes — leur objectivité idéale — leur objectivité réelle — telles sont donc les trois questions à examiner.

Mais, avant cela, qu'il nous soit permis de rappeler encore au lecteur la distinction essentielle qui existe entre l'acte d'entendement et l'acte d'imagination, entre le fait de concevoir et celui de se figurer une chose, ou encore entre la représentation intellectuelle et la représentation sensible. En effet, cette distinction est ici d'une importance capitale; quiconque ne s'en pénétre point se met dans l'impossibilité de maintenir l'existence de l'ordre idéal et la valeur démonstrative du raisonnement contre les objections des positivistes, notamment de Stuart Mill.

L'imagination, on le sait, reproduit toujours un objet, tel qu'il existe ou pourrait exister dans le monde matériel, et affecterait nos organes, s'il se manifestait à nous.

Cet objet nous apparaît par le fait même avec telle forme, telle couleur, telles dimensions, telle situation précise dans l'espace ; bien que semblable à d'autres, il s'en distingue toujours, du moins numériquement.

La faculté de former des représentations générales n'appartient pas à l'imagination. En vain s'efforcerait-elle de se figurer l'homme en général qui n'est pas tel ou tel, mais aussi bien l'un que l'autre. A côté de chacune des physionomies humaines qu'elle crée, elle en peut créer de nouvelles du même genre et cependant distinctes.

Seule l'intelligence, en faisant abstraction des différences individuelles et des caractères sensibles, parvient à se représenter des qualités, qui ne sont nécessairement liées à aucun individu, mais peuvent se trouver réalisées en plusieurs. Telle est l'idée universelle.

A. Existence des principes.

Bornons-nous à examiner ici les arguments déjà exposés plus haut et sur lesquels s'appuie Stuart Mill pour affirmer le caractère entièrement empirique et contingent des vérités que nous considérons généralement comme *a priori* et d'une nécessité absolue.

« Lorsque, nous a dit le philosophe positiviste, vous affirmez que deux lignes parallèles ne se rencontrent pas, vous n'avez pas dû, il est vrai, consulter les données de l'expérience externe ; mais il vous a fallu cependant comparer des figures créées par votre imagination. A ce point de vue, la connaissance que vous avez acquise est tout aussi empirique qu'une connaissance *a posteriori* proprement dite, car elle se base comme celle-ci sur des faits, sinon extérieurs et réels, du moins imaginaires, ce qui revient au même, puisque l'imagination reproduit exactement la réalité. »

Nous l'avons en effet reconnu, l'expérience sensible est le fondement de toute connaissance, en ce sens que nos premiers concepts sont tirés par voie d'abstraction de la considération du monde matériel ; bien plus, les opérations spéculatives de l'esprit sont accompagnées d'un travail correspondant de l'imagination.

S'ensuit-il que l'image qui accompagne l'idée représente toujours une réalisation concrète de celle-ci ? Je ne le crois pas, et mon opinion résulte d'une expérience toute personnelle.

Il est vrai, quand je pense au triangle en général, je me figure parfois un ou plusieurs triangles déterminés ; de même, lorsque je porte un jugement sur la nature humaine, l'image de quelque physionomie individuelle et sensible, à laquelle j'attribue cette nature, peut m'apparaître distinctement, surtout si le jugement énoncé m'a été suggéré par la vue de tel ou tel homme.

Mais je constate qu'il n'en est pas de même dans tous les cas. La plupart du temps, lorsque mon esprit travaille sur les idées les plus abstraites et les plus générales de la métaphysique, telles que les idées d'être, de substance, de cause, de principe, de lieu, d'événement, de temps, de force, etc., etc., je ne me figure pas, à propos de chacune de ces idées, un être concret qui la réalise. Le travail spontané de mon imagination se borne généralement à me faire voir, comme s'ils étaient tracés sur quelque page, les mots qui servent à exprimer l'idée présente à mon esprit. Et c'est ainsi que, tout en pensant, je me surprends à prononcer mentalement ces mots. Or il est clair que des données de cette nature ne peuvent servir de fondement aux vérités que j'énonce.

Ces vérités ne signifient nullement qu'un certain nombre de signes matériels sont présents à mon imagination, elles ont un sens absolument différent. En prononçant cette proposition : « tout événement doit avoir une cause », je vois, par un acte d'intuition interne, les mots écrits qui servent à l'exprimer. Or, qui soutiendra que l'énoncé du principe de causalité ne signifie que cela ? Dans un grand nombre de cas, les données de l'imagination n'ont donc qu'un rapport très éloigné et purement conventionnel avec le jugement de la raison.

D'ailleurs, si les principes n'ont d'autre fondement que l'expérience, ils ne peuvent évidemment se justifier que par elle. Ainsi, dans la théorie de

Stuart Mill, pour prouver que tout ce qui arrive à l'existence suppose un être préexistant, nous ne pourrions invoquer qu'un argument de fait, à savoir que jamais on n'a constaté un événement sans un antécédent. Or le principe en question ne repose-t-il pas avant tout sur des considérations métaphysiques ou de pure raison qui seules expliquent son universalité et sa nécessité ?

Ne voyez-vous pas, en effet, avec la dernière évidence, qu'un être ne peut se produire lui-même, car pour agir il faut être? Et n'est-ce point là l'unique motif qui vous permet d'affirmer d'une manière absolue que jamais un événement ne se trouvera sans un antécédent ?

On cherche en vain dans les données empiriques l'élément de nécessité et d'universalité qui caractérise les principes.

L'expérience nous montre que tel fait s'est toujours réalisé dans telles circonstances ; elle ne nous montre pas qu'il se produira toujours de la même manière et ne pourrait se produire autrement. On peut bien constater qu'une chose *est telle*, on ne constate pas qu'elle *doit être telle*.

Quand nous affirmons la nécessité absolue d'une relation, notre assertion ne concerne pas seulement le passé, mais encore l'avenir. Or l'avenir, n'étant pas, ne se peut constater ; la connaissance qu'on en a n'est donc point empirique.

Stuart Mill, on l'a vu, a tâché de réfuter cette preuve : « la nécessité d'une proposition, dit-il, n'est pas autre chose que l'inconcevabilité de sa contradictoire. Or cette inconcevabilité est uniquement le fruit d'un grand nombre d'expériences analogues. Vous avez toujours vu A suivi de B ; il en est résulté dans votre esprit une association d'idées qui vous empêche de concevoir A sans B.

Mais l'expérience, qui a produit cette association, peut d'un moment à l'autre la détruire. Rien, en effet, ne vous donne la conviction métaphysique que les résultats de vos observations ne varieront jamais à l'avenir. C'est donc à tort que vous prêtez à certaines propositions une nécessité absolue. »

Cette réponse de Stuart Mill, on voudra bien le reconnaître, consiste plutôt à nier la difficulté proposée qu'à la résoudre. On lui demande comment nos connaissances absolues peuvent être empiriques. Il répond que nous n'avons aucune connaissance absolue. Cependant, il admet que certaines propositions nous apparaissent comme nécessaires ; mais, ajoute-t-il, ce n'est là qu'une illusion de l'esprit.

Il est vrai qu'à l'appui de son opinion il invoque ensuite certains exemples. Mais ces exemples ne sont guère probants, puisqu'ils concernent précisément des vérités auxquelles nous ne prétendons nullement attribuer la nécessité des vérités idéales. Certes, les progrès de la science ont pu modifier radicalement les idées qu'on s'était faites de certains phénomènes, notamment de l'apparition et de la disparition du soleil à l'horizon. Mais autre chose est une assertion qui ne répugne pas à la raison, bien qu'elle ne soit point confirmée par les faits ; autre chose une assertion intrinsèquement contradictoire. La première concerne un objet non réalisé, mais réalisable ; la seconde, au contraire, exprime un rapport impossible, partant inconcevable.

Or les hypothèses, auxquelles fait allusion l'écrivain positiviste et que les découvertes scientifiques sont venues infirmer, appartiennent aux propositions de la première catégorie. Bien qu'elles soient reconnues fausses, elles n'ont pourtant rien de contradictoire en soi et restent par le fait même concevables.

Pourquoi l'univers et les corps qui le composent n'auraient-ils pu recevoir une organisation différente de celle qu'ils possèdent ?

Est-il absurde *a priori* de supposer un système astronomique tel que le soleil tournât autour de la terre, ou ne disparût jamais de l'horizon, des corps obéissant à des lois qui leur permissent de se maintenir dans le vide, des forces d'attraction agissant de bas en haut au lieu d'agir de haut en bas, etc., etc.? Si de telles suppositions impliquaient une inconcevabilité, il n'eût pas été nécessaire de recourir à l'expérience pour savoir qu'elles étaient fausses.

Mais si vous me dites qu'une chose possède et ne possède pas, dans le même moment, le même attribut; qu'un tout est moins étendu que chacune de ses parties; que $2 \times 2 = 5$; je me trouve alors en présence de véritables inconcevabilités qui ne dépendent pas de circonstances contingentes et variables, mais résultent de contradictions évidentes entre des concepts.

Cette distinction entre la pure possibilité et l'impossibilité absolue n'a point passé inaperçue aux yeux de David Hume. Stuart Mill l'a niée, plus logique en cela que son devancier. En poursuivant l'idée de Mill, on arriverait à cette conclusion qu'il n'est pas impossible que la science démontrât un jour que l'être et le néant sont la même chose. Mais le bon sens ne protesterait-il pas aussitôt contre une telle assertion ?

Il reste donc vrai de dire qu'il existe des principes absolus et que ces principes ne peuvent avoir comme tels une origine purement empirique.

Mais ici nous attendent de nouveaux adversaires. Les idées universelles et les principes nécessaires, disent Kant et les criticistes, sont *a priori*, mais ils ne s'appliquent en aucune façon au domaine des réalités existantes où tout est déterminé et contingent.

Nous devons donc résoudre le problème de l'objectivité réelle des principes; mais, avant cela, examinons celui de leur objectivité idéale que les criticistes se refusent également à admettre.

B. Objectivité idéale des principes.

Parmi les vérités *a priori*, les unes sont d'évidence immédiate, les autres d'évidence médiate. L'évidence est immédiate lorsque les deux idées du jugement, mises simultanément en présence de l'esprit, apparaissent aussitôt dans la relation qui les unit. Si, au contraire, cette relation ne se révèle que par le moyen d'une démonstration, l'évidence est médiate.

Les vérités *a priori*, d'évidence immédiate, constituent les premiers principes de l'ordre idéal.

Nous traiterons d'abord de l'objectivité idéale des premiers principes, nous examinerons ensuite celle des principes dérivés ou déduits.

Objectivité idéale des premiers principes.

Une proposition générale étant formulée, on peut se demander : 1° si elle s'applique à des êtres qui existent ; 2° si l'idée du sujet et celle de l'attribut sont véritablement l'une vis-à-vis de l'autre dans la relation énoncée, peu importe d'ailleurs que les idées en question soient ou non réalisées. Dans le premier cas, on pose le problème de l'objectivité réelle des principes, dans le second, celui de leur objectivité idéale.

Deux solutions se présentent aussitôt : ou bien l'attribution du prédicat au sujet est un acte aveugle, ou bien elle est déterminée par l'évidence. Or, selon que l'on s'arrête à l'une ou à l'autre de ces solutions, on considère que la certitude est toute subjective ou possède un fondement dans la réalité.

Le problème ainsi formulé est insoluble, si l'on refuse à l'intelligence la faculté de réfléchir sur ses opérations afin d'en saisir les caractères et l'origine. Kant et les criticistes, qui prétendent résoudre la question dans le sens du subjectivisme, doivent donc tout au moins admettre les données de l'expérience interne. Il s'agit de savoir si le jugement spontané de l'esprit s'accomplit sous l'empire d'une nécessité subjective ou objective.

Or, sans la conscience, la réalité même du jugement nous échappe. Comment connaître l'état psychologique que nous appelons la certitude, comment le distinguer de l'état de doute, comment découvrir dans l'adhésion spontanée de l'esprit à une proposition un fait aveugle ou motivé, sinon par la conscience ? Poser le problème de la certitude des principes et lui apporter une solution implique donc, de la part des subjectivistes, la foi au témoignage de la conscience.

Or que nous dit la conscience sur la nature des jugements spontanés et *a priori* de l'intelligence ?

Je constate le fait de l'attribution du prédicat au sujet dans un cas particulier, je constate que cette attribution s'opère nécessairement, mais je me rends compte aussi que la nécessité n'est pas aveugle. Et, chose à remarquer, le témoignage de la conscience portant sur la raison déterminante du jugement est non moins catégorique et précis que sur la réalité même de ce jugement. Si vous me demandez pourquoi je suis certain que 2 et 2 font 4, je motive aussitôt ma certitude en faisant appel à l'évidence. C'est l'évidence que je cherche et c'est elle aussi qui me fait juger. Or l'évidence est la réalité apparue à l'esprit. Prétendrez-vous sérieusement qu'en disant que tout événement doit avoir une cause, vous opérez une synthèse entre deux concepts, arbitrairement et sans savoir pourquoi ? N'est-ce point l'apparition devant l'esprit des deux idées dans une relation donnée qui provoque votre affirmation ?

En présence d'une proposition complexe, l'intelligence hésite, elle refuse son assentiment aussi longtemps qu'elle n'a point *vu*. Lorsqu'elle se décide ensuite à juger, elle peut justifier sa manière d'agir par une démonstration. Si la constitution de l'esprit nécessite seule l'attribution du prédicat au sujet, pourquoi la synthèse ne s'est-elle pas opérée aussitôt, les deux idées étant posées devant l'intelligence ? Pourquoi cette hésitation ? Pourquoi ce passage de l'état de doute à l'état de certitude ? Quel motif assigner à cette succession entre les deux états psychologiques, sinon l'évidence ? N'est-il pas certain pour quiconque observe les opérations de l'esprit que celui-ci cherche en toute chose à se rendre compte de ce qu'il sait ?

Si le jugement intellectuel est le fait d'une force instinctive et aveugle, si l'évidence n'est point la loi de l'intelligence humaine, nous dira-t-on d'où vient ce besoin d'évidence qui nous tourmente incessamment ?

Ainsi les données de l'observation interne démentent l'hypothèse arbitraire des criticistes.

Aux regards de cette observation l'intelligence apparaît comme une faculté naturellement portée à se rendre compte des assertions qu'on lui propose. Il est donc faux qu'une nécessité aveugle constitue la loi de son activité.

Que si l'on nie la valeur de l'analyse psychologique, nous sommes contraints de renoncer à la discussion, le scepticisme absolu étant irréfutable, comme les premiers principes sont indémontrables.

Mais nous avons vu que celui qui pose le problème de l'objectivité idéale des principes et s'offre à le discuter reconnaît implicitement la valeur du témoignage de la conscience.

On soutient encore que les premiers principes,

ceux que l'on appelle généralement des jugements analytiques, sont de pures tautologies et ne possèdent en conséquence aucune portée scientifique. En effet, dit-on, dans ces jugements l'idée du sujet contient celle de l'attribut. Affirmer le premier c'est donc déjà reconnaître son rapport avec le second. En énonçant ensuite ce rapport sous forme de jugement, on répète manifestement ce que l'on vient de dire d'une manière implicite.

Que répondre à cette objection ? Il faut le reconnaître, si l'idée du sujet contient déjà celle de l'attribut, je ne pense celui-là qu'avec celui-ci. Le jugement, par lequel je formule leur relation, est donc purement explicatif ; il n'ajoute au concept du sujet aucun élément nouveau.

Il existe, sans aucun doute, des jugements de cette nature.

Ainsi quand je dis : « l'homme est un animal raisonnable » ; « toute cause suppose un événement émané d'un agent », je ne fais qu'énumérer les notes contenues dans les idées d'homme et de cause.

Mais il n'est point vrai que dans tout jugement *a priori* la conception du sujet contienne celle de l'attribut. Le sujet, en effet, peut être complexe et imparfaitement connu. L'idée qu'on s'en fait ne le représente pas nécessairement dans son rapport avec l'attribut. En comparant celui-ci au sujet, je saisirai leur relation, je trouverai ainsi dans l'objet de ma pensée un aspect qui m'avait échappé jusque-là.

Autre chose, en effet, est la connaissance du rapport, autre chose celle de ses deux termes pris isolément. Je puis fort bien connaître ceux-ci et ignorer complètement le premier.

Vous avez contemplé le portrait d'un inconnu. Vous voici en présence de l'original. Mais à ce moment vous ne songez pas au portrait, bien que votre mémoire en ait conservé l'image à l'état latent. Vous connaissez les deux termes sans connaître la relation.

Quand saisirez-vous celle-ci ?

Lorsque vous verrez l'original en présence du portrait ou que le souvenir de l'un et celui de l'autre se réveilleront simultanément en vous.

Un nombre déterminé de sons distincts compose une mélodie. Néanmoins il ne suffit pas pour entendre cette mélodie d'en percevoir les sons séparément, il faut qu'ils arrivent à l'oreille combinés d'une manière spéciale.

Ainsi en est-il de deux idées distinctes. Pour saisir leur relation, l'esprit doit les mettre en présence l'une de l'autre et les comparer. Or ce travail de comparaison est précisément l'opération spéculative.

Soit le jugement suivant : $5 + 7 = 12$; je puis avoir les idées des nombres cinq, sept et douze et n'avoir jamais songé que $5 + 7 = 12$. Sans doute, je suis en possession de tous les éléments nécessaires à l'acquisition de cette connaissance, mais encore faut-il pour l'acquérir que je combine ces éléments, que j'additionne 5 et 7 afin de comparer ensuite le résultat de cette opération au nombre 12 et constater qu'il s'identifie avec lui.

Mais, objectera-t-on, le rapport est contenu d'une certaine façon dans ses deux termes puisqu'il en dérive. La connaissance des termes que présuppose le jugement contient donc déjà celle du rapport. Le jugement est dès lors purement explicatif.

Je concède la majeure, je nie la mineure et la conclusion.

Le rapport est contenu virtuellement dans ses termes, comme l'arbre est contenu dans la semence. Or direz-vous qu'en voyant celle-ci vous voyez la plante qui en sortira plus tard ?

Objectivité idéale des principes dérivés ou valeur du raisonnement déductif.

A côté des opérations spéculatives, qui consistent à mettre deux concepts simples en présence et produisent l'évidence des premiers principes, il existe, avons-nous vu, des opérations du même genre, mais d'une plus grande complexité, et d'où résultent les connaissances médiates de l'ordre idéal. Ces opérations, décrites plus haut, constituent le raisonnement déductif.

On connaît les arguments dirigés par les criticistes contre sa valeur démonstrative.

Dans toute déduction, disent-ils, la majeure est une proposition générale contenant la mineure et la conclusion. Pour pouvoir affirmer la majeure d'une manière absolue, il faut déjà connaître la conclusion. Celle-ci n'ajoute donc rien aux prémisses. Elle dit d'une manière explicite ce qui avait déjà été dit sous une forme implicite. En conséquence le raisonnement déductif n'est pas un moyen de découverte. En lui attribuant une force démonstrative, on fait un cercle vicieux. La majeure n'étant que la conclusion implicitement affirmée, on base en réalité la conclusion sur elle-même, ce qui constitue une pétition de principe.

Que répondre à cette argumentation ?

Dans tout raisonnement la majeure, dites-vous, contient déjà la conclusion. — Il faut distinguer : la majeure contient la conclusion à la manière dont le principe contient l'application, c'est-à-dire que, la majeure étant reconnue vraie, la conclusion ne peut être niée sans contradiction ; je le concède. — La majeure contient la conclusion de telle sorte que l'on puisse découvrir celle-ci par l'analyse de la première et que, connaissant la majeure, on connaisse nécessairement la conclusion ; je le nie.

L'objection repose sur une confusion entre le

principe et les applications, entre la proposition générale et les propositions particulières qui en découlent. La proposition générale n'est pas la synthèse des propositions particulières qui s'y rattachent logiquement. Si cela était, le principe le plus général, celui d'identité et de contradiction serait aussi le plus complexe, partant le plus difficile à saisir ou le moins évident. La connaissance de ce principe serait la plus approfondie en même temps que la plus étendue. Elle constituerait le terme définitif de la science. Or qui oserait soutenir une telle assertion ? Qui prétendra qu'en connaissant les premiers principes des sciences mathématiques nous connaissons toutes leurs combinaisons possibles et la solution de tous les problèmes que soulèvent leurs applications ?

Cette conséquence, évidemment absurde, s'impose cependant à quiconque ne distingue pas entre la connaissance de la majeure et celle de la conclusion.

Mais si la majeure n'est pas la synthèse des propositions particulières, qui se rattachent logiquement à elle, en quoi consiste son universalité ?

La majeure énonce une relation entre deux idées abstraites, et cette relation se révèle à l'esprit par la comparaison des deux idées. Or autre chose est l'idée abstraite ou le type idéal d'après lequel les individus sont réalisés, autre chose la réalisation concrète de cette idée; autre chose est l'homme conçu *in abstracto*, autre chose les hommes existants qui m'apparaissent comme autant de réalisations distinctes de mon concept. Je puis fort bien réfléchir à telle idée, en définir les notes et cependant ignorer ses réalisations. De même le rapport idéal est distinct des rapports concrets qui le réalisent, la proposition générale distincte des propositions particulières, le principe distinct des applications. Il est donc faux que la connaissance de la majeure soit celle de la conclusion.

On saisit aussitôt le vice de l'argumentation de Stuart Mill.

« Pour pouvoir affirmer que tous les hommes sont mortels, il faut, nous a-t-il dit, savoir que la mortalité est le partage de Pierre. En énonçant ensuite cette dernière assertion sous forme de conclusion, on répète explicitement ce que l'on avait dit implicitement. »

L'erreur de Stuart Mill réside toute entière dans la confusion du genre ou de l'espèce avec l'ensemble des individus qui leur appartiennent.

Quand je dis : tous les hommes sont mortels, je ne pense pas spécialement à chaque homme pris individuellement, ce qui serait impossible, puisque les existences passées, actuelles ou futures, auxquelles s'applique mon jugement, sont en nombre indéterminé. — L'objet du jugement énoncé est la nature humaine, c'est-à-dire un ensemble d'attributs conçus en dehors de tout sujet et réalisables autant de fois qu'il peut exister d'hommes distincts. De même le mot « mortel » désigne un attribut conçu *in abstracto* et non la multitude des êtres vivants destinés à périr.

La majeure de mon raisonnement signifie donc que l'attribut mortel doit être rangé parmi les attributs connotés par le mot « hommes » ou, encore, qu'il existe entre ces attributs une connexion telle que les seconds ne pourraient être réalisés sans le premier, étant donné l'ordre actuel des choses. En d'autres termes, partout où se trouvera un être possédant une nature humaine cet être sera mortel.

Or je puis fort bien énoncer cette proposition sans affirmer par le fait même qu'il existe de tels êtres et tout en ignorant l'existence de Pierre.

Constatant ensuite que la nature humaine est réalisée en Pierre, j'en conclus que celui-ci est mortel.

Ainsi la majeure de mon syllogisme : « Tout homme est mortel » est vraie indépendamment du point de savoir s'il existe des hommes ; elle ne suppose en aucune façon la connaissance de la mineure et de la conclusion.

Est-ce à dire que tout raisonnement déductif soit un moyen de découverte ? Je ne le pense pas.

Certains raisonnements me paraissent être purement explicatifs.

Soit le syllogisme suivant :

Tout homme est doué de sensibilité.

Or Pierre est un homme.

Donc il est doué de sensibilité.

Sans doute, la première proposition peut être

connue sans les deux autres, mais il n'en est pas de même de la mineure.

En disant que Pierre est un homme, j'entends dire qu'il est un animal raisonnable, car ces deux notes interviennent nécessairement dans le concept « homme », mais par le fait même, je reconnais que Pierre est doué de sensibilité. J'affirme donc déjà la conclusion, du moins implicitement.

Mais il est d'autres cas où la mineure ne contient nullement la conclusion, celle-ci n'est connue que par la combinaison des deux prémisses. Tel est le syllogisme suivant :

La cause première est absolue.

Or l'immutabilité est le propre de l'absolu.

Donc la cause première est immuable.

La conclusion n'est contenue ni dans la majeure ni dans la mineure prises séparément. On peut penser que la cause première est absolue, c'est-à-dire indépendante, sans songer qu'elle est immuable.

Bien au contraire, si je m'arrête au spectacle des causes secondaires et de mon activité propre, il me semblera, au premier abord, que le changement est essentiel à tout être agissant. Je pourrais donc penser que la cause suprême ne dépend d'aucune autre sans songer que la plus haute activité doit s'unir en elle à l'immutabilité la plus entière.

D'autre part, je puis avoir démontré que l'idée d'absolu implique celle d'immutabilité, sans jamais avoir appliqué ce principe à une cause première existante.

Mais lorsque, par le raisonnement, je mets en présence ces deux propositions : « la cause première est absolue » — « or l'absolu appelle l'immuable » — la conclusion « donc la cause première est immuable » s'en dégage spontanément.

Voilà donc un cas de déduction où ni la majeure ni la mineure prises isolément ne révèlent la conclusion.

Tel est également cet autre syllogisme : $7+5=12$, or $12=6+6$, donc $7+5=6+6$.

Je puis penser que $12=6+6$ sans penser que $7+5=12$, ni par conséquent que $7+5=6+6$. C'est en comparant les résultats des deux additions formulées par les prémisses que je saisirai la conclusion. Nous pourrions citer un grand nombre d'autres exemples du même genre. Que faut-il dans ces différents cas pour apercevoir la conclusion ? Mettre les deux prémisses en présence. Or telle est précisément la fonction du raisonnement. Celui-ci est donc le moyen d'acquérir une connaissance nouvelle.

Si vous me dites qu'un corps A, pesant autant, précipité de telle hauteur, parcourt la moitié de l'espace, qui le sépare du sol, en autant de secondes, et que vous me demandez le temps exact qu'il mettra à effectuer l'autre moitié du trajet, il me sera impossible de vous répondre avec précision, en supposant que je ne possède que des idées très vagues sur la loi qui détermine l'accélération de la vitesse.

Mais connaissant cette loi et l'appliquant aux données du problème, j'arriverai à découvrir la solution demandée.

Cette découverte sera évidemment le fruit d'un raisonnement déductif, dont la majeure énonce la loi d'après laquelle la vitesse d'un corps tombant dans le vide s'accroît en proportion de la pesanteur du corps et de la hauteur de la chute dans une mesure de ..., dont la mineure pose le cas particulier qui vient d'être dit, et dont la conclusion applique la loi au cas en question.

C. Objectivité réelle des principes.

Il importe de rechercher maintenant si et de quelle manière nos idées universelles peuvent se rapporter aux êtres concrets. Si les idées sont conformes aux choses réelles, les relations d'ordre idéal sont conformes aux relations d'ordre réel.

Tout ce qui est pensé, disent les criticistes, est universel; tout ce qui existe est individuel. Nous ne concevons donc pas ce qui existe, mais des objets qui n'ont de réalité que dans l'esprit.

On se fonde sur l'universalité des idées d'une part, l'individualité des choses existantes d'autre part, pour nier que les premières puissent nous faire connaître les secondes. On en conclut avec Kant que toutes nos idées universelles sont des formes *a priori* que nous appliquons arbitrairement aux données de l'expérience obéissant à une nécessité aveugle et subjective.

Nous admettons la distinction établie par Kant entre les idées et les choses, mais nous nions que les unes ne puissent d'aucune manière représenter les autres.

Avant d'exposer notre thèse, montrons à quelle conséquence conduit le raisonnement des criticistes.

Si les attributs auxquels se rapportent nos idées universelles ne sont nullement dans les choses existantes, comme la notion d'être est l'idée la plus universelle, on ne peut affirmer l'être d'aucun fait. Mais alors il faut douter de tout.

Ainsi la critique de la raison pure détruit non seulement la certitude des vérités spéculatives mais encore toute certitude empirique. Il en résulte un scepticisme universel, auquel criticistes et positivistes chercheraient vainement à échapper.

On ne peut raisonnablement nier l'objectivité des idées universelles. Mais, comme nous venons de le dire, on ne peut davantage contester le caractère individuel de tout ce qui existe. Nous condamnons les négations des criticistes, sans souscrire toutefois aux enseignements d'un certain réalisme, qui suppose l'existence d'entités universelles.

Notre opinion tient le milieu entre ces deux opinions extrêmes ; elle accorde quelque chose à l'une et à l'autre.

Nous concédons aux criticistes que les attributs, auxquels nous pensons, ne sont pas dans les choses existantes sous la forme universelle et abstraite que leur prête l'esprit, aux réalistes, qu'ils s'y trouvent d'une certaine façon.

Cette opinion se fonde sur des vérités de bon sens, c'est-à-dire d'une évidence qui emporte irrésistiblement l'assentiment de l'intelligence.

N'est-il pas évident, en effet, que je suis moi par tout ce que je suis et ne m'identifie sous aucun rapport avec vous ? Cependant il est non moins certain que des attributs nous sont communs.

Notre thèse peut s'énoncer comme suit : l'universel n'est pas *formellement* dans les choses, mais *fondamentalement*.

L'universel n'est pas formellement dans les choses.

Qu'est-ce à dire ?

Les attributs, objet de mes pensées, ne sont pas *en réalité* tels que je les conçois. L'esprit se représente l'être comme pouvant être affirmé de tout. Or l'être est en moi tel qu'il n'est dans aucun autre, et cette modalité spéciale qu'il affecte en moi constitue mon individualité ?

Tandis que l'être conçu par l'esprit est affirmé de tout, l'être que possède une chose ne peut être affirmé que de cette chose. En ce sens l'universel n'est pas formellement dans les choses.

Mais, avons-nous ajouté, il s'y trouve fondamentalement.

Expliquons cette seconde proposition.

Si la note d'être est en moi affectée d'une modalité qui m'est propre, elle appartient toutefois à d'autres. Pour ne point m'identifier avec vous, je n'en suis pas moins un être comme vous.

Les attributs que je possède peuvent donc se trouver en plusieurs, mais ils seront *autant de fois* et *d'autant de façons différentes* qu'il y aura d'individus les possédant.

Et c'est pourquoi nous disons que l'universel est fondamentalement dans les choses.

Cette thèse ainsi formulée est-elle inconcevable ?

Que voulons-nous dire en enseignant que les choses peuvent posséder certaines qualités communes, sans toutefois s'identifier sous aucun rapport ?

Nous affirmons seulement qu'elles peuvent se ressembler ou encore être faites d'après un même type, car c'est là le fondement métaphysique de la ressemblance des choses.

Or répugne-t-il le moins du monde à la raison d'admettre la possibilité d'une ressemblance entre deux choses individuelles ? Un artiste ne peut-il dans différentes œuvres s'inspirer du même idéal ?

Ces œuvres, en tant qu'elles reproduisent cet idéal, ne seront-elles pas semblables ?

Elles resteront toutefois numériquement distinctes, ne s'identifiant nullement les unes avec les autres.

Il faut admettre qu'un élément est commun à

deux objets semblables. Or, à moins de confondre la similitude avec l'identité, on doit reconnaître que ces objets ont de commun non quelque chose d'eux-mêmes, mais le type qu'ils reproduisent.

On pourrait donc définir les rapports de l'idée universelle avec les individus, auxquels nous l'appliquons, en disant que, formellement considérée comme universelle, l'idée représente le type auquel correspondent les individus.

Il importe ici de bien préciser notre pensée. En disant que le concept abstrait a pour objet propre le type des choses, je ne soutiens nullement que la connaissance de ce type ait précédé celle de ses réalisations, comme l'enseignent les ontologistes. Dans cette théorie, avons-nous dit, la représentation du type, d'après lequel plusieurs individus sont réalisés, proviendrait de l'intuition de l'essence divine, cause exemplaire de toutes choses. Percevant ensuite les êtres contingents et les comparant à l'objet de notre concept, nous pourrions découvrir cet objet réalisé en eux.

Nous soutenons, au contraire, que l'esprit dégage le type des applications et que l'intuition des choses individuelles nous fournit nos concepts. Comment cela ?

Par l'abstraction, opération de l'esprit qui consiste à considérer la nature ou les qualités d'un individu sans celui-ci, ou encore sans telles déterminations spéciales qui font de cette nature ou de ces qualités les attributs exclusifs d'un seul. Ces attributs étant ainsi séparés par la pensée de ce qui fait qu'ils ne peuvent être affirmés que d'un seul, il ne leur répugne point d'être affirmés de plusieurs, et en ce sens ils sont universels. Voyant ensuite l'objet de notre concept réalisé dans différents individus, nous sommes tout naturellement amenés à le concevoir comme leur type. Cette réponse laisse toutefois subsister dans l'esprit une objection que je me propose d'examiner.

Par l'abstraction, disons-nous, l'esprit considère la nature et les qualités d'un individu sans celui-ci. Mais, objectera-t-on, on ne peut distinguer et séparer ce qui se confond. Or les choses existantes ne sont pas en partie universelles, en partie individuelles.

Elles sont individuelles par tout ce qu'elles

sont. Je ne suis pas homme d'une part et moi d'autre part. La réunion de la nature humaine et du moi ne me constitue pas. Ainsi qu'il a été dit plus haut, je suis moi par tout ce que je suis. Je ne suis homme qu'en étant moi. Ma nature se confond avec le moi. Elle en est l'essence. Mais alors, comment penser l'une sans l'autre ?

Avant de répondre à l'objection rappelons au lecteur que toute chose existante est nécessairement individuelle et n'existe que dans cette mesure.

Considérer une chose telle qu'elle est réalisée c'est donc la considérer sous une forme individuelle ; au contraire, faire abstraction de l'existence c'est faire abstraction de l'individualité.

Il est faux de prétendre que dans les choses qui se manifestent à nous l'essence se confonde avec l'actualité au point que l'esprit ne puisse les distinguer et penser la première sans la seconde.

Toutes les choses qui font l'objet de nos connaissances empiriques sont contingentes.

La connaissance de l'absolu ou de la cause première n'est pas intuitive.

Or l'être des choses contingentes est distinct de leur existence.

Précisons notre pensée. On ne pourrait évidemment séparer physiquement dans une chose l'être de l'existence. Supprimez celle-ci, vous anéantissez la première.

On commettrait également une grave erreur en considérant l'être et l'existence d'une chose comme deux parties dont la réunion constituerait la chose. Il est bien certain que l'individualité n'est pas une note constitutive qui, jointe à d'autres notes, forme l'essence, encore moins une simple qualité surajoutée à celle-ci, mais une manière d'être particulière qui affecte toutes les notes constitutives et sans laquelle la chose ne serait pas.

Il est bien certain que je ne suis point formé par la nature humaine d'une part, le moi d'autre part, mais que la nature humaine, réalisée en moi de telle façon spéciale et numériquement distincte de toute autre réalisation du même genre, me constitue entièrement.

Est-ce à dire que l'essence et l'existence doivent se confondre rigoureusement ?

Une chose contingente n'existe point par elle-même. Elle ne porte donc point en elle-même ou dans son essence le principe de son actualité. Mais alors son être intime est distinct de son existence, bien que celle-ci soit la condition de la réalité du premier. On comprend donc que l'esprit puisse penser l'un sans l'autre.

Or penser l'être d'une chose sans l'existence c'est le penser abstraction faite de toute détermination individuelle, car, nous l'avons vu, l'individualité est la mesure de l'existence.

La possibilité de l'abstraction est donc, en dernière analyse, expliquée par la contingence des choses concrètes dont la considération nous fournit nos concepts. Ceux-ci ne se rapportent donc pas à des existences universelles, ils représentent des attributs isolés par l'esprit de tout sujet particulier et qui ne se trouvent pas une fois en plusieurs individus, mais autant de fois et d'autant de manières différentes qu'il y a d'individus les possédant.

A ceux donc qui trouvent la théorie de l'abstraction inconcevable nous demandons : la notion d'une chose contingente est-elle contradictoire ? Si non, il faut admettre que la théorie de l'abstraction n'a rien d'inconcevable en soi. En effet, la notion d'un être contingent est celle d'un être dont l'essence ne comporte pas l'ensemble des déterminations particulières qui constituent l'existence et l'individualité. Le concept de l'existence n'étant pas compris dans celui de l'essence, ce dernier peut être pensé sans le premier. Or penser l'essence sans les déterminations individuelles qui fondent l'existence, c'est abstraire. L'esprit peut donc abstraire s'il peut concevoir le contingent.

L'abstraction est encore possible par le fait qu'une relation de similitude entre plusieurs choses est concevable. En effet, dire que plusieurs choses sont semblables, c'est dire qu'une même note est en chacune d'elles, c'est donc concevoir cette note *abstraction faite* des déterminations qui en font le propre d'un seul. Cette théorie de l'abstraction concilie parfaitement la valeur objective des idées avec leur universalité. L'abstraction, en effet, a pour point de départ les données particulières de l'expérience sensible. Or, en leur conférant un caractère indéterminé, elle ne leur fait subir aucune altération radicale. Autre chose est nier une qualité, autre chose en détourner son attention pour la porter ailleurs. Telle est précisément l'abstraction. Elle est une attention de l'esprit limitée à ce qui fonde la ressemblance d'un objet avec d'autres. Cette limitation n'implique nullement la négation de l'individuel. En concevant la nature humaine sans ses déterminations, je suis loin de nier qu'elle soit en vous et en moi déterminée et numériquement distincte. L'objet de mon concept ne comporte ni la négation ni l'affirmation de l'individuel. La nature humaine, par exemple, apparaît à l'esprit, non comme nécessairement réalisée, mais cependant comme réalisable. Elle est par elle-même indifférente à l'existence ou à la non-existence, et c'est pourquoi je puis lui attribuer des formes concrètes comme aussi faire abstraction de ces formes.

II.

DES CONNAISSANCES D'ORDRE RÉEL.

L'ordre réel, avons-nous dit, est celui des existences concrètes. Il comprend le monde extérieur, le moi, l'absolu.

Nous écartons ici le problème de l'absolu, dont l'importance exige une étude spéciale.

1° De la connaissance du monde extérieur.

Les sciences expérimentales cherchent à rendre compte des phénomènes. Les positivistes reconnaissent les efforts qu'elles tentent dans ce but. Ils soutiennent toutefois que ces efforts resteront stériles, parce que leur objet dépasse la portée de nos facultés cognitives. En effet, nous ne connaissons, selon eux, que les phénomènes, ces phénomènes ne peuvent être considérés comme des manifestations de substances réelles, mais bien comme des apparences dont le fondement et la nature intime nous échappent.

Avant de réfuter cette thèse, définissons avec

précision le but des sciences expérimentales, nous verrons ensuite si ce but est à la portée de l'esprit humain.

Étant donné un phénomène, nous voulons l'expliquer en lui assignant une raison d'être dans la nature de la substance qui le supporte ou de l'agent dont il procède.

Découvrir une connexion naturelle entre une qualité et une substance, entre un événement et un agent, tel est le but des recherches expérimentales. Toute conclusion induite exprime un rapport de ce genre. Tantôt elle nous fait connaître une chose par les accidents dont elle est le siège, tantôt par certains effets qu'elle produit en vertu d'une nécessité intrinsèque à sa nature. Dans les deux cas nous acquérons une certaine connaissance de l'essence de la chose, connaissance imparfaite sans doute, mais pourtant réelle.

A. Existence des choses.

Pour les positivistes, on le sait, les phénomènes sont des apparences sans aucun fondement réel :

le moi, écrit Taine, est une association ou une trame d'événements, le non-moi est également une trame d'événements, ou plutôt le moi et le non-moi sont la même trame d'événements perçus tantôt par l'intérieur, tantôt par l'extérieur. Aux yeux de Spencer, la distinction entre le moi et le non-moi est une distinction entre deux groupes d'impressions, les unes faibles, les autres fortes.

David Hume cherche à démontrer que nous ne pouvons pas avoir l'idée de substance, ou mieux encore que le mot « substance » ne signifie pas un être en soi, mais bien une association d'impressions ou de phénomènes.

Nous avons déjà répondu aux positivistes que les sens ne perçoivent pas seulement une couleur, une étendue, une résistance, etc., etc., mais quelque chose de coloré, d'étendu, de résistant.

Antérieurement à toute réflexion, nous rapportons, avons-nous vu, nos impressions visuelles, tactiles, etc., etc., à des choses situées au delà de l'organe affecté. Nous sommes certains de percevoir des choses réelles ; nous avons en nous l'idée de substance ; d'où nous viennent donc et cette certitude et cette idée, si les données de l'expérience ne contiennent que du subjectif et du phénoménal ?

Ou l'expérience n'est plus le fondement de toute certitude et alors vous niez le principe fondamental du positivisme ; ou toute certitude repose sur elle et alors la conviction qu'il existe des substances doit dériver d'une évidence de fait. Si l'on assigne à nos idées une origine expérimentale, on doit reconnaître que les facultés sensibles perçoivent d'une certaine façon des choses ; sans quoi comment aurions-nous l'idée de « chose » ?

Il est d'ailleurs contradictoire de nier la réalité des substances pour n'admettre que celle des phénomènes. Le phénomène n'appelle-t-il pas la substance ; la modification, l'être modifié ; la qualité, le sujet qualifié ? Le phénomène ne réside pas en lui-même, mais dans un autre ; celui-ci n'a-t-il pas une réalité en soi, on doit admettre un troisième être et ainsi de suite, jusqu'à ce que l'on arrive finalement à un sujet en soi ou substantiel. On ne peut donc, sans se contredire, affirmer le phénomène en niant la substance. On affirme ainsi l'être en niant le principe de sa réalité.

On le voit, l'expérience nous donne la certitude qu'il existe des substances réelles et la raison, comparant les concepts de phénomène et de substance, trouve entre eux une relation nécessaire.

Le phénoménalisme est ainsi en contradiction et avec l'évidence de fait et avec l'évidence de raison.

Mais si les facultés sensibles portent sur des choses et non sur de simples apparences, elles ne saisissent les choses qu'au point de vue de leurs qualités extérieures et, de plus, nous l'avons déjà dit, elles ne distinguent pas ces qualités de la chose. Ce que l'œil voit n'est point une couleur formellement distinguée d'une chose, mais un tout concret, qui comprend confusément la chose et sa couleur. Nous ne faisons que rappeler ici des vérités énoncées plus haut.

Bien plus, la raison elle-même, au premier abord, ne songe point à opposer l'accident à la substance. Elle juge seulement que quelque chose en dehors de nous affecte notre œil. Une question doit donc être examinée ici : Comment la raison est-elle amenée à distinguer dans le tout concret qui tombe sous les sens les accidents de la substance, ou encore, comment dégageons-nous des données de l'expérience sensible les idées de « substance » et « d'accident » ?

Nous voyons le tout concret, changer de couleur, de forme, d'étendue, etc., etc., et cependant ne point disparaître. Nous arrivons ainsi à distinguer en lui ce qui change de ce qui subsiste, l'accidentel de l'essentiel, ou encore les qualités extérieures de l'être lui-même. En voyant les qualités changer, nous considérons avec raison qu'elles ne sont pas constitutives de l'être qui persiste dans son identité. Elles sont donc dans un sujet qu'elles ne constituent pas. Or cette définition répond précisément à l'idée d'accident ou de phénomène ; c'est, en effet, le propre du phénomène de ne point subsister en soi, mais dans un autre. Mais l'idée d'un être résidant dans un autre appelle logiquement, nous l'avons montré tantôt, l'idée d'un être en soi. Nous voilà donc en possession de la notion de « substance ».

Cette notion se dégage avec non moins d'évidence des données de l'expérience interne ; tandis que mes sensations se succèdent, le même moi se retrouve identique sous chacune d'elles. Chaque sensation est donc en moi sans me constituer.

Ayant acquis la certitude réfléchie qu'il existe des substances, comment pourrai-je connaître leur nature ?

B. Connaissance de la nature des choses.

Non contents de démontrer l'existence des choses extérieures, nous prétendons connaître dans une certaine mesure leur nature et leurs lois. Toutefois l'esprit humain n'a pas l'intuition de la constitution intime des corps. Comme toutes ses connaissances dérivent originairement des données de l'expérience sensible, il n'arrive à l'essence de la chose que par l'intermédiaire des phénomènes. Il nous faut étudier ici le procédé suivi par la science.

Les positivistes traitent nos assertions d'hypothèses gratuites et *a priori*. D'après eux les causes des événements, qui s'accomplissent sous nos yeux, ne sont point du domaine de nos intelligences. Certains d'entre eux vont plus loin. On a vu David Hume qui, de l'avis même de Kant, peut être considéré comme le père du criticisme moderne, s'attaquer au principe de causalité lui-même et refuser à l'esprit humain non seulement le pouvoir de connaître les causes des événements, mais encore de savoir s'ils ont des causes.

Pour David Hume, dire qu'un fait est la cause d'un autre, c'est affirmer qu'il en est l'antécédent invariable, mais sans aucune efficience proprement dite. Telle paraît être également l'idée de Kant, lorsque, formulant le principe de causalité, il écrit: Tout événement suppose quelque chose qui le précède d'après une règle. Cette définition confond sans aucun doute la relation de causalité avec une relation de succession se produisant d'après un ordre invariable.

Commençons par justifier le principe de causalité. Montrons ensuite comment l'application de ce principe aux données de l'expérience nous permet de connaître les agents par leurs effets.

a) Justification du principe de causalité.

La critique du principe de causalité, telle que la formulent David Hume, Kant et leurs disciples, s'attaque, non seulement à l'objectivité réelle du principe en question, mais encore à son objectivité idéale. La vérité de ce principe, dit-on, ne se justifie ni en fait ni en raison.

Nous résumons comme suit les arguments du criticisme : la connaissance du principe de causalité (comme on voudrait l'entendre) n'est pas le fruit de l'expérience. Lorsque vous affirmez un rapport de causalité entre un prétendu agent et un événement, vous ne constatez pas ce rapport, vous le supposez seulement. Le spectacle d'une chose en produisant une autre ne vous est point donné dans la nature. Vous voyez bien que B succède à A, vous ne voyez pas qu'il en procède par voie d'efficience. De quel droit affirmez-vous donc ce rapport essentiellement caché et mystérieux ? Rien ne justifie votre jugement. Si vous ne percevez dans l'ordre concret que des événements et point de causes, quelle peut être l'origine de l'idée de cause ? Kant lui assigne une origine purement subjective et en conclut qu'elle n'a point d'objectivité réelle ; Hume, voulant la rendre conforme aux données de l'expérience, la dénature. L'idée de cause, selon lui, est tout simplement celle d'un antécédent invariable, elle ne comprend nullement l'idée d'une force productrice.

Pour ce penseur, non seulement l'idée d'une force productrice ne peut avoir une origine expérimentale, mais l'expérience ne donnera jamais au principe de causalité le caractère de nécessité que nous lui attribuons.

En effet, dit Hume, l'expérience peut bien nous faire voir qu'une chose est, mais non qu'elle doit nécessairement être telle. Les uns, avec Kant, en concluent que la nécessité absolue du principe de causalité est toute subjective, d'autres, avec Hume, que le principe de causalité n'est pas nécessaire.

Ainsi le principe de causalité et le caractère absolu que nous lui prêtons ne se dégagent pas des données de l'expérience.

Ce principe ne peut davantage, toujours aux

yeux des criticistes, se justifier par l'analyse des concepts. Il constitue, d'après Kant, un principe synthétique *à priori*.

Tout événement, dites-vous, exige une cause. Or, objecte Kant, analysez l'idée d'événement qui constitue le sujet de votre proposition, vous n'y trouverez pas l'idée d'une relation nécessaire entre une cause et un effet. Le concept d'événement ne contient pas le concept d'une relation de cette nature. Je puis fort bien penser à un événement comme tel sans penser précisément à un agent dont il procède. L'idée d'événement, considérée en elle-même, me représente seulement quelque chose qu'un certain temps a précédé, quelque chose qui arrive à l'existence. Mais on peut songer à quelque chose qui arrive à l'existence sans songer à la manière dont elle y est arrivée. On peut donc songer à un événement sans songer qu'il a été produit par un autre. Ainsi, en affirmant que tout ce qui arrive ne peut exister que par un autre, j'ajoute à mon concept d'événement une note qui n'y était point comprise. Kant en conclut que le principe de causalité n'est point analytique et ne possède aucune évidence de raison. Le principe de causalité, ne se justifiant ni par l'expérience ni par l'analyse des concepts, est synthétique *à priori*, c'est-à-dire arbitraire.

Cependant il est certain que nous considérons ce principe comme absolument vrai, c'est-à-dire comme nécessaire. D'où vient donc cette nécessité? Kant et Hume diffèrent ici d'opinions. Ils s'accordent à dire qu'elle est toute subjective, mais pour Kant elle résulte de la constitution intime de l'esprit; pour Hume elle a son fondement dans l'éducation ou l'habitude et peut varier avec celles-ci. Nous disons que tout être qui commence en présuppose un autre, parce qu'on nous l'a toujours dit et que nous avons toujours vu un événement précédé ou suivi d'un autre. Mais cela est-il de toute nécessité et en sera-t-il toujours ainsi? On ne peut le prétendre, répond Hume.

Avant d'examiner ces arguments des criticistes, définissons exactement le sens du principe de causalité. Il signifie que tout événement présuppose nécessairement un agent dont il dérive. Ce principe n'est qu'une application aux êtres contingents d'un principe plus général, celui de raison suffisante, lequel s'applique aussi bien à l'absolu qu'au contingent. Le principe de raison suffisante peut se formuler comme suit :

« Un être ne peut être sans ce qui est indispensable à sa réalité ; il est nécessairement quand est posé ce qui suffit à sa réalité. » Le principe de causalité formule donc une relation entre deux êtres dont l'un est la raison d'être de l'autre. Il n'énonce pas une simple relation de succession, comme le prétend David Hume.

Ce principe ainsi défini, justifions-le tant au point de vue de son objectivité idéale qu'au point de vue de son objectivité réelle.

La connaissance du principe de causalité implique *a)* l'idée de cause, *b)* l'idée d'événement, *c)* l'idée d'une relation nécessaire entre la cause et l'événement, relation qui consiste en ce que tout événement doit avoir sa raison d'être dans une cause productrice distincte de lui.

Or, contrairement à l'opinion des positivistes, nous pensons que l'expérience nous fournit les idées d'événement et de cause et que l'évidence du rapport qui unit ces idées, résulte d'une opération spéculative. En conséquence, le principe de causalité possède tout à la fois une objectivité idéale et une objectivité réelle. On ne peut raisonnablement contester que l'idée d'événement ait une origine empirique. Nous voyons des événements s'accomplir en nous et autour de nous. La raison leur trouve un aspect qui leur est commun, à savoir que chacun d'eux a commencé à un certain moment ; elle se forme ainsi l'idée de l'événement en général.

L'idée de cause possède également une origine expérimentale. On nous objecte que la considération du monde extérieur ne fournit pas le spectacle d'une cause produisant un effet. Nous voyons, dit-on, des faits qui se succèdent sans relation de causalité apparente. On en conclut que nous ne pouvons avoir l'idée de cause efficiente ou qu'elle n'est qu'une création *à priori* de l'intelligence sans fondement objectif. En raisonnant ainsi, on ne tient compte que de l'expérience externe. Si, parmi les êtres qui nous entourent, nous ne percevons pas directement des causes produisant des effets, il n'en est pas de même de l'expérience interne. Le sens intime, qui m'atteste tel mouvement que j'exécute, m'atteste en même temps que je l'exécute. Lorsque, avançant la main, je mets en mouvement un corps, j'ai conscience que je meus le bras. Sans doute, le sens intime ne distingue pas formellement le moi agissant de son acte, comme l'œil ne distingue pas formellement la couleur de la chose colorée. Mais, de même que dans le tout concret qui frappe mon regard est contenue la substance, de même dans l'acte que m'atteste le sens intime est impliquée la réalité du principe agissant. Ma raison, en réfléchissant sur les données concrètes du sens intime, peut ensuite y distinguer l'acte de l'agent. Elle saisit par le fait même une relation de causalité et acquiert directement l'idée d'une cause efficiente par l'expérience interne. Nous n'examinerons pas en ce moment si et de quelle façon l'idée de cause pourrait provenir des données de l'expérience externe. Les considérations qui précèdent suffisent à établir, contre les subjectivistes, son caractère expérimental.

Nous voici donc en possession des notions de

cause et d'événement. Comment connaîtrons-nous leur relation, c'est-à-dire la nécessité pour tout événement d'avoir une cause productrice ? Cette nécessité, comme l'observe très justement Hume, n'est pas d'évidence de fait. Je puis bien constater que tel événement succède à tel autre, mais non que cela doit être ainsi et ne sera jamais autrement. Pour saisir la nécessité du rapport, il faut que la raison intervienne et compare les termes de ce rapport. Or, en comparant l'idée d'événement à l'idée de cause, je vois aussitôt que tout événement doit avoir une cause. Il suffit pour arriver à cette conclusion de montrer qu'un être ne peut se donner à lui-même l'existence. S'il a reçu l'existence, il la tient donc d'un autre. Donc tout ce qui arrive ou tout événement doit être causé. En admettant même, avec Kant, que le principe de causalité ne soit pas analytique au sens propre du mot, on peut encore dire que son évidence résulte du raisonnement qui vient d'être énoncé.

Résumons-nous ; on a vu : 1° que les idées d'événement et de cause ont une origine expérimentale ; 2° que le rapport qui les unit est réel et devient manifeste par le raisonnement pur. Nous en concluons que le principe de causalité possède une objectivité idéale et réelle. Il possède une objectivité idéale, car l'esprit, comparant l'idée d'événement et celle de cause, voit clairement que tout événement doit avoir une cause. Le principe de causalité exprime donc un rapport vrai d'ordre idéal. Il possède une objectivité réelle, car les idées de cause et d'événement sont réalisables dans l'ordre concret. En effet, c'est en voyant l'objet de ces idées réalisé que nous les avons acquises. De plus, le principe de causalité, exprimant un rapport nécessaire, constitue la loi des agents et des événements réels.

Ainsi tombent les critiques de David Hume, de Kant et des positivistes.

b) *Application du principe de causalité aux données de l'expérience.*

Voyons comment l'application de ce principe aux phénomènes perçus nous permet de formuler les lois qui règlent l'activité des agents de l'univers.

Constatant l'accomplissement du phénomène A, je puis affirmer, en vertu du principe exposé tantôt, qu'il doit avoir été produit. Dès lors, je chercherai tout naturellement, parmi les agents présents, lequel a pu être la cause du phénomène. Ces agents étaient, par hypothèse, au nombre de trois : B C D. Comment savoir lequel d'entre eux a produit A ? Deux suppositions sont possibles *à priori* : ou bien A est produit par le concours des trois agents ou tout au moins de deux, ou bien par l'opération d'un seul ; en d'autres termes, la cause de A est multiple ou elle est une. Si A ne se produit que lorsque les trois agents sont réunis, j'en pourrais légitimement conclure que sa raison d'être doit se trouver dans l'action combinée de B C et D. Mais je suppose que, B et C ayant successivement été écartés et D demeurant seul, le phénomène A s'accomplisse ; on pourra raisonnablement l'attribuer à D.

Mais là ne vont point s'arrêter mes investigations. Il ne me suffit pas de savoir que D produit A, je veux encore savoir si D produit A en vertu d'une nécessité inhérente à sa nature ou à raison d'une disposition passagère et communiquée. En d'autres termes, ce n'est pas assez d'avoir découvert une relation de causalité quelconque entre D et A, il importe de savoir si elle est *naturelle*. Dans ce but, je placerai successivement D dans les milieux les plus différents et, si je vois toujours l'effet A se produire, j'en pourrai conclure qu'il a sa raison d'être dans la nature même de D. Par le fait même, je connaîtrai quelque chose de l'essence même de D, à savoir qu'il est dans sa nature de produire A.

Envisageant ensuite D et A, c'est-à-dire la cause et l'effet, sous une forme abstraite et universelle, j'énoncerai cette loi générale : il est dans la nature de D de produire A. Cette proposition s'appliquera à tous les agents réalisant l'abstraction D, et à tous les événements réalisant l'abstraction A.

Rappelons-nous l'exemple que nous citions plus haut pour montrer l'imperfection de nos connaissances expérimentales. « Un corps en vient heurter un autre et le met en mouvement. » Les positivistes diront : il n'y a là que des faits qui se succèdent, et rien de plus.

Nous croyons, au contraire, qu'un corps détermine l'autre à se mouvoir ; nous reconnaissons, il est vrai, notre impuissance à saisir la nature de cette détermination, néanmoins c'est notre conviction que le premier corps exerce une véritable action sur le second, de manière qu'il n'y a pas seulement deux faits qui se succèdent, mais un fait qui en provoque un autre. Cette conviction est basée sur un grand nombre d'expériences. Nous avons vu un mouvement succéder à un autre dans une multitude de cas et pour des corps très différents. Une boule se met à rouler à la suite d'un choc qu'elle reçoit ; mon bras lance une pierre, celle-ci tombant dans l'eau, des mouvements circulaires se dessinent à la surface du liquide ; l'agitation du feuillage succède à l'ébranlement des couches aériennes. Cette succession de mouvements, dans des circonstances aussi variées, peut-elle être une simple coïncidence ? N'est-il pas rationnel de l'attribuer à une propriété spéciale que les corps ont d'être déterminés au mouvement, ou de mouvoir les autres ? Or n'est-ce point là découvrir une loi ou un aspect propre aux substances matérielles ?

Voici une pierre et un animal placés dans le

même milieu, exposés par conséquent aux mêmes influences. La pierre est immobile aussi longtemps qu'un corps étranger ne l'a pas heurtée. Mise en mouvement, elle suit d'une manière aveugle la direction qui lui est communiquée par l'impulsion initiale, elle se heurte aux objets qu'elle rencontre, son mouvement ne se modifie et ne prend fin que sous l'action des agents extérieurs. Si je la divise, elle ne m'oppose qu'une résistance passive et chaque morceau séparé forme une pierre distincte, différant, il est vrai, du tout par une moindre quantité, mais cependant de même nature. Je vois au contraire l'animal passer du repos au mouvement, modifier son allure, changer de direction, éviter les objets qui se rencontrent sur son chemin, s'arrêter, puis se remettre en marche, et tout cela sans qu'un corps étranger soit intervenu pour lui donner le mouvement ou y mettre obstacle. Si je porte atteinte à l'intégrité de son corps, il réagit aussitôt par des actes violents et désordonnés, analogues à ceux que j'accomplis moi-même sous l'empire de la douleur. Si je lui enlève un membre, ce membre perd toutes les propriétés qu'il possédait dans son union avec l'organisme, il se décompose et finit par abandonner radicalement ses apparences antérieures.

D'un côté donc, la passivité, l'inertie, l'insensibilité, la simple unité de cohésion, de l'autre côté, l'activité spontanée, toutes les manifestations de la vie sensible, et l'unité substantielle. Voilà certes deux ordres de phénomènes bien distincts.

A cette différence il faut une raison, elle doit être dans le milieu ou dans la nature des choses manifestées. Or elle n'est pas dans le milieu, que nous avons supposé identique pour les deux agents, donc elle a son fondement dans la nature des choses manifestées.

On le voit, l'expérimentation scientifique jointe au raisonnement nous donne une certaine connaissance des agents de l'univers et de leurs lois. Il est donc faux que nous n'ayons aucune science de la nature des choses. Cette science, je le veux bien, est limitée, elle se heurte à des problèmes demeurés sans solution jusqu'aujourd'hui, mais on ne peut, sans parti pris, la nier et la réduire à des hypothèses arbitraires.

2° *La connaissance du moi.*

La constitution intime de notre être n'est pas connue d'une manière intuitive. Cette vérité, que les positivistes enseignent, a été formulée plus haut. Mais il n'est point vrai que nous ne connaissons absolument rien du moi. Nous savons jusqu'à un certain point ce que nous sommes. Or c'est là, évidemment, connaître quelque chose de nous même ou de notre essence. La substantialité du moi, son individualité, sa réalité comme principe d'activité, la diversité de ses opérations, constituent autant de données relatives à notre nature.

La permanence d'un sujet, se retrouvant le même sous la diversité des impressions reçues, est un fait dont l'évidence s'impose. Les positivistes, il est vrai, nient cette évidence : le moi n'est, pour eux, qu'une succession de phénomènes, une trame d'événements ; l'existence d'un moi substantiel n'est qu'une illusion psychologique. Mais qui parviendra jamais à se convaincre d'une telle assertion ? N'est-il pas de la dernière évidence qu'il n'y a point en moi que des pensées, des sensations, des volitions, des actions, mais encore un sujet pensant, sentant, voulant, agissant ? A côté du moi phénoménal fait d'impressions successives, s'affirme l'existence du moi substantiel, dans lequel se passent les impressions, et qui se reconnaît identique à lui-même sous chacune d'elles. Et remarquez que la réalité de l'être pensant, sentant, voulant, est tout aussi certaine que la réalité de la pensée, de la sensation, de la volition. Pourquoi donc admettre la seconde lorsque l'on doute de la première ?

Mais sans rechercher si le témoignage de la conscience est ici illusoire ou non, on peut dire que ce témoignage, lui-même, devient une impossibilité, si le moi n'est vraiment qu'une succession de faits sans aucun lien substantiel. Je n'ai pas seulement conscience du moi agissant à un moment donné, je me souviens de telles pensées ou sensations, je les rattache à telles autres pensées ou sensations actuelles en les attribuant les unes et les autres au même sujet ; je me ressaisis en quelque sorte dans le passé, considérant mon existence présente comme le prolongement d'une existence antérieure. Or ce fait est inexplicable dans l'hypothèse positiviste. Je ne suis, dites-vous, qu'une trame d'événements, une suite d'existences phénoménales, dont l'une finit au moment précis où commence l'autre ; admettons que chacun de ces événements puisse avoir conscience de lui-même, encore ne pourrait-il percevoir, pour s'y rattacher d'une certaine façon, des événements passés depuis longtemps et qui n'ont jamais été en même temps que lui.

L'hypothèse positiviste nous donnera une série de phénomènes dont chacun pourra avoir conscience de sa réalité et qui formeront autant d'unités distinctes ; elle ne donnera jamais la conscience d'un même sujet s'affirmant sous ces phenomènes et leur communiquant un caractère d'unité et de cohésion. En vérité, on se demande si une hypothèse aussi étrange mérite la discussion et s'il ne vaut pas mieux passer outre en haussant les épaules ?

La théorie matérialiste semble devoir rallier un plus grand nombre de partisans. Le matérialisme applique à la nature du moi les principes de l'atomisme : le moi n'est qu'un corps caractérisé par une combinaison toute particulière et excessivement complexe des atomes qui le composent. De cette combinaison naissent les différentes manifestations de notre activité, notamment nos sensations et nos pensées.

Il faut le reconnaître, l'homme appartient au monde corporel et relève, dans une certaine mesure, des lois de la matière. Les manifestations inférieures de notre activité vitale sont réductibles à des phénomènes physiques et chimiques ; nos sensations participent de l'étendue et de la divisibilité des corps, et l'intelligence elle-même est soumise dans son exercice à des conditions d'ordre inférieur.

L'homme n'est-il donc que matière ? Cette conclusion est certainement outrée. Si le moi est tout entier constitué par une multitude d'atomes ou de corpuscules infiniment petits, capables d'exister par eux-mêmes et qui, rapprochés les uns des autres en vertu de je ne sais quel hasard, ont formé un tout organisé, mon unité n'est plus qu'une unité de coordination, je ne suis pas un être substantiellement un, mais une association d'êtres. Or cette hypothèse se peut-elle concilier avec les données de la conscience ? Il est évident que le moi n'apparaît pas aux regards de l'expérience interne comme une multitude d'agents concourant à la production de certains effets communs, mais comme un agent unique présentant des aspects distincts et, cependant, se reconnaissant le même sous chacun d'eux. Soutiendra-t-on que les apparences sont trompeuses, que chaque atome est conscient de lui-même et que la conscience totale n'est en réalité qu'une conscience collective ? Nous demanderons comment cette infinité d'atomes, conscients chacun de leur être propre, finissent par se donner à eux-mêmes l'illusion d'une individualité unique, là où existe en réalité une association d'individualités innombrables.

Mais voici certains faits propres à rendre plus manifeste encore l'unité foncière du moi. Je place la main sur un objet; la sensation est évidemment répartie dans tout l'organe, et, tandis qu'elle m'apparaît comme étendue et divisible, je la saisis dans sa totalité. Or ce dernier acte est inexplicable dans la théorie matérialiste. Les partisans de cette théorie attribuent, avons-nous vu, la sensibilité du moi à une combinaison spéciale des atomes qui me constituent. Qu'est-ce à dire, sinon que chaque atome possède une certaine sensibilité en vertu de ses relations avec les autres ? Dès lors, quand je place la main sur un objet, il y aura autant de sujets sentants que d'atomes impressionnés par le contact avec l'objet, la sensation totale se composera d'un nombre incalculable de sensations partielles, et, chaque atome n'éprouvant que l'impression dont il est le siège, la conscience de l'impression totale ou collective fera partout défaut.

Je vois une cloche qui s'agite et je perçois en même temps le son qu'elle produit, voilà deux sensations dont le siège est différent et dont j'ai simultanément conscience. Encore une fois, le fait est inexplicable dans l'hypothèse matérialiste. Les atomes constitutifs de l'œil sont évidemment autres que ceux dont se compose l'appareil auditif. On aura donc deux groupes d'atomes différemment impressionnés, chacun pour son propre compte, et non la conscience simultanée de deux impressions rapportées au même être. L'œil verra la cloche s'agiter, l'oreille entendra le son, mais chacun de ces organes ne percevra que son objet propre et non celui de l'autre. Ce n'est donc ni dans l'œil ni dans l'oreille que résidera la conscience simultanée des deux impressions. On dira que le cerveau est le siège de cette conscience. Mais le cerveau n'est lui-même, dans l'hypothèse en question, qu'une quantité de matière et par conséquent un agrégat d'atomes. Or la question se pose de savoir si les deux excitations nerveuses, arrivées au cerveau, l'une par le nerf visuel, l'autre par le nerf auditif, résideront finalement dans deux centres nerveux différents ou dans un atome unique. Si l'on s'arrête, avec la généralité des physiologistes, à la première hypothèse, on se heurte à la difficulté soulevée tantôt. Supposez, en effet, l'impression auditive aboutissant au centre cérébral A, l'impression visuelle au centre cérébral B, vous aurez deux groupes d'atomes impressionnés différemment, l'un en A, l'autre en B, et non un même sujet éprouvant simultanément deux impressions.

Soutiendra-t-on que les deux sensations (qui pour les matérialistes se réduisent à certains mouvements moléculaires) aboutissent finalement à un atome unique? Nous demanderons comment ces deux mouvements, se rencontrant en un point infiniment petit de l'espace, n'arrivent pas à se confondre? Quoi de commun d'ailleurs entre la conscience d'une sensation visuelle et d'une sensation tactile, que j'éprouve simultanément et que je localise en deux parties différentes de mon être, et le fait d'un atome, perdu dans la substance cérébrale et qui se sentirait le siège de deux mouvements distincts?

Il est donc incontestable que le moi n'est pas un agrégat ou une association d'entités substantielles, mais une substance unique.

Cependant, si l'on admet les théories courantes sur la nature des corps, on doit reconnaître que l'homme, envisagé au seul point de vue matériel ou physique, n'est point l'être un qu'atteste la conscience.

Les biologistes découvrent en lui une *multitude innombrable* de cellules ou d'organismes infiniment petits. Sans doute, ces cellules dépendent les unes des autres de la manière la plus intime, mais chacune d'elles possède néanmoins en propre toutes les fonctions essentielles de la vie et peut être considérée, jusqu'à un certain point, comme une individualité distincte. Poursuivant, par la pensée, ce travail d'analyse, on a cru pouvoir considérer chaque cellule elle-même comme le résultat de combinaisons infiniment complexes, sans cesse en voie de décomposition et de reconstitution et dont les éléments primordiaux sont les atomes. Que se passe-t-il après la mort? L'organisme, diront les atomistes, se désagrège, c'est-à-dire que ses unités composantes se dispersent pour reprendre leur autonomie primitive ou entrer dans de nouvelles combinaisons. A n'envisager donc que l'aspect matériel de l'être humain, celui-ci ne serait pas substantiellement un, mais multiple. Il paraîtrait vraiment n'être qu'un agrégat, comme le soutiennent les matérialistes. Cependant cette hypothèse est incompatible, nous venons de le voir, avec les données de l'expérience interne. Quelle conclusion tirer de là, sinon que le fondement de mon individualité n'est pas dans la matière, mais dans quelque élément rigoureusement un en lui-même et qui, joint à la matière et lui communiquant un être spécial, la rend d'une certaine façon participante de sa propre unité et ne forme avec elle qu'une existence unique. Je n'examinerai point ici si cet élément est capable d'agir et par conséquent d'exister en dehors de l'organisme, qu'il me suffise d'établir sa réalité comme principe déterminant de la matière et fondement de notre individualité.

Je me résume en reprenant l'exemple cité plus haut : je vois un objet et je perçois un son ; d'une part l'œil n'est certes pas l'oreille, ces deux organes diffèrent l'un de l'autre par chacune des unités matérielles qu'ils comportent ; d'autre part il est non moins certain que le même être voit et entend. Il y a là deux facteurs opérant chacun de leur côté, et cependant c'est le même être qui agit dans les deux cas. Comment concilier ces données qui semblent contradictoires ? En supposant un même principe d'activité engagé en plusieurs opérations organiques et par la vertu duquel chaque organe possède la sensibilité qui le caractérise.

Nous ne poursuivrons pas davantage cette étude. Nous croyons avoir établi contre les positivistes que la psychologie n'est pas un tissu d'hypothèses gratuites, mais qu'elle repose sur des données rigoureusement scientifiques.

CONCLUSION

Le positivisme s'est donc attaché à mettre en relief un fait incontestable : l'origine expérimentale des connaissances humaines et leur imperfection native. A ce point de vue, il constitue un retour aux enseignements des scolastiques et une réaction contre certain spiritualisme outré, qui fut le propre de la philosophie cartésienne.

Les scolastiques enseignaient déjà que nos idées dérivent, par voie d'abstraction, de l'expérience sensible. Ils en concluaient que l'esprit humain ne peut saisir qu'indirectement le fond intime des choses, à travers le voile des apparences ou des phénomènes extérieurs. On connaît leur adage fameux : *Nihil est in intellectu quod non fuit prius in sensu*, rien n'est conçu par l'esprit qui n'ait été auparavant donné d'une certaine façon dans la sensation. On sait aussi que l'école cartésienne condamna cet adage, croyant y voir le fondement d'une philosophie sensualiste. La théorie des idées innées et de l'ontologisme se substitua à l'ancienne doctrine du moyen âge. La réalité du moi se concentra toute entière dans l'âme spirituelle, le corps ne fut plus qu'un intermédiaire entre le moi et le monde extérieur, et, pour expliquer la correspondance des phénomènes psychiques aux phénomènes physiques, on eut recours à l'ingénieuse théorie des causes occasionnelles.

Cependant le témoignage du sens intime et de la conscience s'élevait contre ces doctrines, qui voulaient faire du corps une entité distincte du moi, et, chaque jour, l'observation scientifique déterminait avec plus de précision les conditions matérielles de notre activité.

Une réaction se produisit contre ce spiritualisme fait d'hypothèses arbitraires. Elle se produisit au nom des faits attestés par la science. Ainsi qu'il arrive généralement, elle tomba dans des excès contraires à ceux qu'elle combattait. Au moi entièrement spiritualisé fut opposé le moi entièrement matérialisé ; à la connaissance intuitive de l'être par soi, dernier principe de toute réalité, fut opposée la connaissance purement phénoménale, à laquelle échappe complètement toute substance et toute cause. Ainsi la philosophie prétendument scientifique naquit d'une réaction juste dans son principe, mais certes exagérée.

Cette philosophie préconise avec raison l'emploi des méthodes d'observation.

Nul ne contestera l'utilité de ces méthodes, même dans l'ordre des connaissances *à priori*. La raison s'égare aisément dans ses opérations spéculatives. Les conclusions de raisonnements complexes s'imposent parfois à l'esprit avec plus de force quand elles se trouvent confirmées par les faits. Des exemples concrets empruntés aux données de l'expérience sensible fixent l'imagination et rendent la pensée mieux saisissable.

Quant aux sciences dites naturelles, elles ne pourraient se conformer assez rigoureusement aux procédés d'observation. L'esprit humain, on l'a vu, a pour objet connaturel les choses matérielles, et nous ne saisissons leur essence qu'en observant et en analysant leurs manifestations sensibles. Nul doute que les progrès des sciences positives soient en raison directe des perfectionnements introduits dans les procédés d'expérimentation. Nul doute, encore, que ces perfectionnements aient infirmé bon nombre d'hypothèses, soi-disant scientifiques, nées d'un usage abusif du mode de penser *à priori*. L'opinion de Comte sur ce point nous paraît indiscutable.

C'est également avec raison que le chef de l'école positiviste recommande l'application des méthodes d'observation au domaine de la sociologie. Certes il n'est point interdit au sociologue de rêver un idéal social. Cependant la sociologie doit étudier les sociétés concrètes subordonnées, quant à leur existence et à leur développement, aux multiples influences d'un milieu qu'il importe d'observer. Quiconque perd de vue ce côté expérimental de la sociologie court le risque de devenir un idéologue et un utopiste.

Mais Comte lui-même, après avoir vanté les méthodes positives, les a-t-il toujours scrupuleusement suivies ? Ceux qui connaissent l'histoire en pourraient douter. Peut-être devineront-ils, dans la manière dont l'historien positiviste présente les événements et les interprète, la préoccupation de conformer les faits à une conception sociale élaborée à l'avance. Quoi qu'il en soit, reconnaissons à Aug. Comte le mérite d'avoir donné un sage conseil aux sociologues en leur recommandant l'usage des procédés d'observation. Mais n'oublions pas que l'observation n'est pas seulement externe, mais interne, qu'elle ne porte pas seulement sur les manifestations physiques de notre activité, mais encore sur des faits psychiques. Certes, pour connaître les conditions d'existence et de développement des sociétés humaines, il est souverainement utile d'interroger l'histoire, mais il est non moins utile de consulter les données du sens intime et de la conscience. La société est faite d'un ensemble de relations entre les hommes. Ces relations dérivent de notre nature. Or, si l'histoire peut nous faire connaître quelque chose des tendances et des besoins essentiels de notre être, celui-ci se manifeste sous un aspect bien plus intime aux regards de l'analyse psychologique. Aug. Comte a ignoré les rapports de la sociologie avec la psychologie. Il n'a voulu voir l'humanité que par le dehors. S'il s'était replié sur lui-même, peut-être eût-il trouvé sa philosophie positive bien peu en harmonie avec les aspirations de la nature humaine. Il ne s'est point aperçu que l'homme tend continuellement, par la loi de son esprit et de son cœur, vers un au-delà inaccessible aux sens, et que, lui interdire la recherche des problèmes métaphysiques, c'est violenter sa nature.

Nous avons reconnu, avec les positivistes, et l'origine expérimentale du savoir humain, et son caractère essentiellement limité, et l'importance des procédés d'observation au point de vue scientifique. Mais le positivisme est la négation de toute métaphysique, et précisément là gît son erreur fondamentale.

Si l'étude des faits se recommande dans l'ordre des sciences positives, cette étude seule ne donnera jamais à nos connaissances un caractère scientifique.

La science a pour objet l'universel et non le

particulier, elle n'observe les faits que pour s'élever à la connaissance de leurs lois. Or, analysez des phénomènes aussi minutieusement que possible, perfectionnez indéfiniment vos procédés d'expérimentation, vous n'aurez jamais qu'une connaissance de phénomènes concrets et particuliers. Voulez-vous remonter des applications à la loi générale qui n'est point seulement certaine du passé mais de l'avenir, il vous faudra nécessairement tirer une conclusion de faits observés, c'est-à-dire avoir recours au raisonnement.

Mais le raisonnement n'est plus la simple étude des faits ; il consiste dans le passage du connu à l'inconnu par le moyen d'un principe métaphysique.

Nous avons vu tantôt que le passage du connu à l'inconnu, du particulier au général, du fait à la loi, dans l'induction scientifique, ne se justifie aux yeux de la raison que par le principe de causalité. Supprimez ce principe, plus rien ne vous permet de formuler, en lois générales, les rapports que vous avez constatés.

Vous avez toujours vu A suivi de B ; si cette

succession n'a point quelque raison d'être dans la nature de A et de B, elle est une simple coïncidence, un pur effet du hasard, et comment dès lors conclure légitimement que A sera toujours suivi de B ? Cette conclusion au contraire devient rationnelle, si l'on veut voir dans A la raison d'être ou la cause de B.

En rejetant les principes métaphysiques, en niant toute connaissance des substances et des causes, le positivisme rend donc injustifiable l'induction scientifique. Cependant, et malgré les négations de cette philosophie étrange, forme nouvelle du scepticisme s'affirmant au nom de la science, le problème de l'origine des êtres et de leurs destinées continue à fixer l'attention des esprits, le savant comme l'enfant persiste à vouloir saisir le pourquoi du phénomène accompli, l'humanité rêve toujours d'un idéal qui n'est pas de ce monde. Ou les aspirations les plus profondes de notre être nous portent vers une fin chimérique, ou la philosophie positiviste est contre nature.

FIN.

TABLE DES MATIÈRES

CHAP. I. — Du positivisme en général . . . 9
  § I. Des connaissances d'ordre positif. . . . 11
  § II. Définition de l'idée fondamentale du positivisme 24
  § III. Exposé des arguments généralement invoqués à l'appui de cette idée 28
      a. Arguments d'ordre critique . . . 29
      b. Arguments d'ordre historique. . . 30

CHAP. II. — Évolution logique des idées positivistes 48
  Le positivisme et les sciences spéculatives. . . 49
  Le positivisme et les sciences expérimentales . . 50
  Le positivisme dans ses applications à quelques sciences en particulier (Psychologie — Morale — Sociologie) 61

CHAP. III. — Évolution historique des idées positivistes 68
  Les origines du positivisme contemporain . . . 68
  Exposé des théories de Comte — Stuart Mill — Taine — Spencer. 89

CHAP. IV. — Critique des idées positivistes . . 178
§ I. Vérités contenues dans les théories positivistes . 180
   1re *proposition* : La connaissance sensible ne porte point sur l'essence des choses, mais sur leurs phénomènes 181
   2me *proposition* : L'expérience sensible est la source première de toutes nos connaissances. 207
     1re *question* : Pour quelles opérations intellectuelles le concours des sens est-il nécessaire ? 208
     2me *question* : Comment s'opère ce concours ? 214
   3me *proposition* : Nos connaissances relatives à la nature des choses sont nécessairement imparfaites 240

§ II. Erreurs contenues dans les doctrines positivistes 255
   1re *proposition* : Les positivistes soutiennent à tort que toute connaissance expérimentale se réduit à la conscience d'un état purement subjectif 256
   2me *proposition* : Les positivistes soutiennent à tort que le domaine du savoir humain s'arrête aux données de l'expérience . . . 266
  I. Connaissances de l'ordre idéal 267
   A. Existence des principes 270
   B. Objectivité idéale des principes. . . . 278
     Objectivité idéale des premiers principes . 278
     Objectivité idéale des principes dérivés ou valeur du raisonnement déductif. . . 286
   C. Objectivité réelle des principes 295
  II. Connaissances d'ordre réel 307

1º De la connaissance du monde extérieur . .	307
A. Existence des choses	308
B. Connaissance de la nature des choses . .	313
a) Justification du principe de causalité .	315
b) Application de ce principe aux données de l'expérience	323
2º De la connaissance du Moi	329
CONCLUSION	340

www.ingramcontent.com/pod-product-compliance
Lightning Source LLC
Chambersburg PA
CBHW070844170426
43202CB00012B/1940